Alexander Kissler

Der deutsche Papst

Alexander Kissler

Der deutsche Papst

Benedikt XVI. und seine schwierige Heimat

HERDER

FREIBURG · BASEL · WIEN

Gedruckt auf umweltfreundlichem, chlorfrei gebleichtem Papier

Originalausgabe

Alle Rechte vorbehalten – Printed in Germany
© Verlag Herder Freiburg im Breisgau 2005
www.herder.de
Satz: Barbara Herrmann, Freiburg
Druck und Bindung: fgb · freiburger graphische betriebe 2005
www.fgb.de
ISBN 3-451-28867-2

Inhalt

Einleitung
Ein Land wird Papst, und die Nachbarn sind entsetzt.... 7
Neue deutsche Offenheit und alte deutsche Rituale 15
Ein Regierungsprogramm am Karfreitag................. 19

Das Weltbild Papst Benedikts XVI.
Zivilisationskritik aus deutschen Landen................. 26
Das Dritte Reich und seine Riten....................... 30
Das Schicksalsjahr 1968............................... 34
Das Christentum und die Wahrheitsfrage 40
Letzte Dinge und die Lüge Utopie...................... 47

Die Deutschen und ihre Kirche
Abschiedsriten und Neuanfang......................... 53
Die Basisgruppen und das Zentralkomitee............... 62
Joseph Ratzinger, der Kirchenkritiker................... 74
Die Katholische Integrierte Gemeinde und
ihr Schutzpatron 83

Die Deutschen als Anti-Römer
Die Sehnsucht nach dem guten Deutschen............... 109
Ultramontane, Deutschkatholiken und die protestantische
Nation... 113

Benediktinische Ganzheitlichkeit
Ratzingers Aufstand gegen die Akademien............... 127
Der religiöse Pluralismus und die Reformtheologen...... 138
Jürgen Habermas und Joseph Ratzinger 146

Deutsch-römische Kollisionen
Die Befreiungstheologie und das Paradies auf Erden...... 155
Ein Weltkatechismus, die Einzigkeit Jesu und die deutsche
Ökumene 165

Der Papst als Ästhet
Ein Gottesbeweis namens Schönheit und ein Hindernis
namens Adorno.. 175
Die Liturgiereform und das Sternstunden-Christentum... 179

Ausblick
Vom Ende der Muskelspiele 187

Einleitung

Ein Land wird Papst, und die Nachbarn sind entsetzt

Was war da nur los, in diesem sonderbaren Frühling des Jahres 2005? War die Luft etwa milder, waren die Farben kräftiger, rochen die Blumen betörender als in einem normalen deutschen Frühling? Surfte ein ganzes Land auf der Welle der Glückseligkeit? Wurden am 19. April um 18 Uhr 43 mit dem Ruf „Habemus Papam" und der Bekanntgabe des Namens – „Josephum Cardinalem Ratzinger" – aus grüblerischen, skeptischen Deutschen euphorische Landsleute? Sollte ausgerechnet er, der bayerische „Panzerkardinal", der Dogmatiker und Glaubenswächter aus Marktl am Inn, der Grund für diesen Stimmungsumschwung gewesen sein?

So oder so ähnlich werden sich die Historiker fragen, wenn sie dereinst auf jene Tage zurückschauen, als Deutschland Kopf stand. Allabendlich bot Spaßmacher Stefan Raab im Fernsehen T-Shirts feil, maßgeschneidert für muskulöse Oberkörper. Auf der Rückseite stand groß und leuchtend, weiß auf rot, „Benedikt XVI.", auf der Vorderseite ein leicht abgewandelter Trainerspruch aus der Fußballbundesliga: „Mach et, Ratze!" In den Kaufhäusern musste man Slalom laufen, um den Sonderverkaufsflächen mit Papstpostern, Papstkerzen, Papstbüchern zu entkommen. Wer das Radio einschaltete, der hörte die Hip-Hop-Combo „Urbi & Orbi Feat. Buddy". Sie sangen im Chor: „Wir sind Papst und komm'n jetzt alle in den Himmel, Brüder und Schwestern, lasst die Glocken bimmeln, heiliger Bimm-Bamm, wird das ein Spaß, und die Engel dirigiert jetzt James Last." Hier, so schien es, freute sich ein Land ganz kindlich über den ersten deutschen Papst seit 482 Jahren. Freude und Stolz waren ironisch gebrochen, doch unecht oder gekünstelt waren sie nicht.

Der Berliner Erzbischof Georg Sterzinsky, frisch zurückgekehrt aus dem Konklave in Rom, ärgerte sich dennoch: „Beschämend" sei es, dass „ausgerechnet in Deutschland die Kritik an Benedikt XVI. besonders laut ist." In der Tat hatte wenige Tage vor der Wahl ein prominenter, zudem katholischer CDU-Politiker dem künftigen – damals noch unbekannten – Papst empfohlen, Ratzinger zum Dorfpfarrer zu machen. In der Tat war am Tag der Wahl das meistgebrauchte Wort jenes in deutschen Landen wohlbekannte Wort vom „Reformstau", den Benedikt wohl kaum „angehen" werde. Selbst der Glückwunsch der Deutschen Bischofskonferenz klang reichlich bemüht. In einem sorgsam gedrechselten Bandwurmsatz lobte man den „seit Jahrzehnten weltweit bekannten, begnadeten Theologen". Die Kardinäle hätten den 78-Jährigen gewählt, da er „für sie ein lebendiges Symbol des kontinuierlichen Zeugnisses der Kirche ist" – und was, bitte schön, ist Benedikt XVI. für seine deutschen Brüder im Bischofsamt? Ist er für sie ein Symbol, das auf eine andere, vielleicht problematischere Kontinuität hinweist, auf fortgesetzte Glaubensstrenge und Kompromisslosigkeit?

Von dieser Warte aus betrachtet, nahm die Geschichte dann wohl doch keine neue Wendung, blieben die Skeptiker und Distanzierten, blieb Deutschland sich eben treu. Was gilt denn nun, Freude oder Griesgram, Interesse oder Dünkel? Was ist da los im heillos zerstrittenen Mutterland der Reformation, das einem Papst zur Wiege wurde? Was wird da noch kommen? Klar scheint einstweilen nur: Wer den Papst verstehen will, der muss Deutschlands Gegenwart und Vergangenheit zu verstehen suchen, und wer Deutschland verstehen will, der sollte das spezifisch Deutsche dieses Papstes, seiner Gegner und seiner Verehrer begreifen.

Ohne die deutsche Universitätstheologie, zu der er sich lange Jahre im Widerspruch befand, ohne den deutschen Gremienkatholizismus, dem er in herzlicher Abneigung verbunden blieb, ohne diese konkreten und historisch wie geographisch einmaligen Widerstände, an denen er sich abarbeitete und die ihm so ein unverwechselbares intellektuelles Profil gaben, wäre aus dem Theologen Ratzinger nicht der Präfekt der Glaubenskongregation und aus diesem nicht der Nachfolger Johannes Pauls II. geworden. Deutschland ist aber auch Ursprungsort und, zumindest keimhaft, Schauplatz jener Sehnsucht, die das Zentrum seines Pontifikats bildet: der Sehnsucht nach einer erneuerten Christenheit, nach einer schöpferischen, glaubensstarken, mutigen Minderheit, die eine Mehrheit aus Andersgläubigen, Agnostikern, Atheisten und innerlich längst dem Glauben entfremdeten Christen dauerhaft umgestaltet. „Entweder", sprach Joseph Ratzinger im Dezember 2000, „haben wir noch etwas zu sagen, oder wir haben nichts mehr zu sagen; in diesem Fall sollten wir aber zugeben, dass wir am Ende sind mit unserem Latein, und nicht weitermachen, weil wir nun halt einmal da sind und einen Apparat haben."

Wäre der 265. Papst im helvetischen oder österreichischen Nachbarstaat geboren, stünden die Dinge einfacher. Trotz Skandalen und Skandälchen im kirchlichen Milieu, trotz umstrittener Bischofsernennungen ist das Katholische (und sei es in seiner folkloristischen Form) fester Bestandteil des österreichischen Selbstbewusstseins geblieben und insofern Anlass vielleicht zu Spott oder Ehrfurcht, doch selten Auslöser öffentlicher Betroffenheit oder kritischen Engagements. Ausnahmen wie das 1995 von Österreich aus auf Deutschland übergreifende „Kirchenvolks-Begehren" bestätigen die Regel. Käme der Papst aus Österreich, wäre er zuerst und vor allem Österreicher und als solcher dann katholisch – „is' eh' klar".

Die Schweizer hingegen konnten dem Katholizismus römischer Prägung, sieht man von einigen Gegenden in der Innerschweiz und rund um die Universitätsstadt Freiburg ab, noch nie viel abgewinnen. Der in seiner ästhetischen wie intellektuellen Nüchternheit kaum steigerbare Kalvinismus, diese maximale Nähe von glaubenskritischer Aufklärung und kulturell überformtem Christentum, hat die Katholiken selbst dort in eine gleichsam innere Diaspora gedrängt, wo sie nominell mit den Reformierten gleichauf liegen oder gar dominieren. Auf der „Mauer der Reformatoren" in Genf lautet das Motto „Post tenebras lux", „Dem Dunkel folgt das Licht". Nachtschwarz, obskur muss alles sein, was dem Licht der Reformation vorausging – besonders aber das, was der Reformation aus Trotz widersteht bis heute.

Das zwischen Kiel und Berchtesgaden führende Boulevardblatt titelte in zehn Zentimeter hohen Buchstaben „Wir sind Papst" und setzte darüber, weiß auf rot, die Erklärung: „Unser Joseph Ratzinger ist Benedikt XVI." Das Schweizer Pendant, der „Blick", veröffentlichte, ebenfalls auf Seite Eins, die Gegenthese: „Das ist nicht unser Papst." Populistisch und eben darum für die jeweiligen Länder symptomatisch ist beides. Letztlich könnte nämlich kein Papst so ganz nach dem Geschmack der Schweizer sein. Den Vatikan an sich hält man mehrheitlich für eine seltsame Monarchie, den Papst für einen Diktator. Da kann es nicht wundern, dass laut einer Blitzumfrage des Schweizer Fernsehens von 1012 Schweizerinnen und Schweizern nur 28 Prozent die Wahl Ratzingers eine gute oder sehr gute Entscheidung nennen. 80 Prozent sind für eine Aufhebung des Pflichtzölibats, 75 Prozent für die Zulassung von Frauen zum Priesteramt. Weder das eine noch das andere Schweizer Anliegen wird sich der ehemalige Chef der Glaubenskongregation zu Eigen machen.

Die veröffentlichte Meinung kennt Volkes Stimme und kommentiert ganz in dessen Sinn. Nicht jede Zeitung bezog indes derart klar Position wie die „Tribune de Genève". „Das

Beste an diesem Papst ist sein Alter", hieß es im „protestantischen Rom". Kaum weniger meinungsstark präsentierte sich die „Südostschweiz" mit der Einschätzung, diese Wahl sei ein Schock. Nun herrsche in Rom der „verlängerte Arm des Mittelalters", der „Großinquisitor" sei Papst geworden und werde das Zweite Vatikanische Konzil „zubetonieren für alle Zeiten". Der Zürcher „Tagesanzeiger" skizzierte mit leichtem Hautgout die „Karriere des greisen Joseph Ratzinger", die „Berner Zeitung" prophezeite „heftigen Widerspruch" aus „Ländern wie der Schweiz", und „Le Temps" erinnerte an Ratzingers „Krieg ohne Pardon gegen neuerungswillige Theologen", namentlich gegen den Schweizer Hans Küng.

Denselben Vorwurf des dogmatischen Starrsinns musste sich bereits der weltweit mit Bewunderung und Respekt verabschiedete Johannes Paul II. gefallen lassen. Im Schweizer „SonntagsBlick" griff der Chefredaktor zur Feder und verkündete in seinem Nachruf, wenige Tage bevor sich fast sämtliche Staatsoberhäupter der Erde aufmachten nach Rom zu den Beerdigungsfeierlichkeiten, Karol Wojtyła sei „der Sture" gewesen, „der Uneinsichtige, der Mann, der nicht immer nur ein Menschenfreund war". Schließlich habe er sich „starrsinnig jedwelcher Öffnung seiner Kirche verschlossen".

Als „der Sture" es gewagt hatte, den Schweizern einen Besuch anzukündigen, erhielt er prompt, im Mai 2004, von seinen Gastgebern den Ratschlag, schleunigst zurückzutreten. 41 Unterzeichner aus dem katholischen Milieu, Pfarreiräte, Professoren, Gemeindeleiter und Religionslehrer, schickten dem „sehr geehrten Herrn Papst" einen Offenen Brief. „Im Bewusstsein unserer Mitverantwortung" teilten sie dem Pontifex mit, dass „viele Menschen schon seit einigen Jahren große Mühe haben, Ihren Aussagen wegen Ihrer nachlassenden Stimme überhaupt zu folgen, was dann dazu führt, dass sie immer öfter und immer mehr über Ihren Gesundheitszustand spekulieren, statt auf die von Ihnen vorgebrachte Botschaft zu achten. Bei allem Mitgefühl stellt sich für manche von ihnen doch die Frage, ob Ihre Kräfte noch ausreichen, um die mit Ihrem schweren Amt verbundenen Pflichten zu erfüllen." Um einer „kontinuierlichen Erosion der päpstlichen Autorität" vorzubeugen, solle der Gast doch seinen Rücktritt einreichen. Bekanntlich hat der Papst dieser Bitte nicht entsprochen und war gerade in seinen letzten Wochen vielen schwachen und alten Menschen ein durchaus glaubhaftes Vorbild. Offenbar kann auch Leid, nicht nur Leistung Autorität begründen.

Der Offene Brief entstand, anders als die Zeitungskommentare, in einem genuin katholischen Umfeld, doch die Stoßrichtung war dieselbe: Eine Kirche, die sich nicht zu jenen strukturellen Reformen bereit erklärt, die in vielen christlichen Kirchen, in allen demokratischen Staaten und natürlich auch im Mutterland der kantonalen Selbstbestimmung längst durchgeführt worden sind, ist in den Augen der allermeisten Schweizer ein Anachronismus, ein Skandal, ein stetes Ärgernis. Der Offene Brief vom Mai 2004 zeigt, dass die Schweizer Spielart des Katholizismus und dessen römische Doktrin nur wenige Berührungspunkte haben. Abseits des Episkopats empfindet man die globale Dimension der Kirche als einen Vorwand, um den Durchbruch zur Freiheit im Schweizer Sinne zu verhindern. Nach der Wahl Benedikts XVI. trat diese Mentalität in der gemeinhin katholisch genannten Innerschweiz, an den Ufern des Vierwaldstätter Sees, besonders deutlich zutage.

Große Aufregung herrschte am 21. April in der immerhin 36 000 Gläubige umfassenden Kirchgemeinde von Luzern. Gerade einmal zwei Tage waren seit der Papstwahl vergangen, und schon hatten 14 Personen ihren Austritt aus der katholischen Kirche erklärt. Üblich seien maximal sechs Austritte pro Woche, ergo müsse man davon ausgehen, dass der neue Papst der Anlass für diesen Exodus sei. Fortan glühten die Drähte in der

Führungsspitze, und rasch wurde, so die Präsidentin des Kirchgemeinderats, ein Offener Brief „per Mail auf dem Zirkulationsweg" an die Luzerner Katholiken beschlossen.

Bereits am 23. April trat man mit der „Erklärung zur Papstwahl" an die Öffentlichkeit. Der Kirchenrat teilt darin „die Ernüchterung vieler Glaubenden". Erhofft habe man sich einen „starken obersten Brückenbauer", bekommen habe man Kardinal Ratzinger, der „diese hohen Erwartungen" vermutlich nicht erfüllen könne. „Wir wehren uns entschieden gegen die kirchlichen Strukturen, die Leben behindern und verunmöglichen." Dennoch hoffe man, Benedikt werde „die berechtigten Forderungen des Kirchenvolkes in einem echten Dialog aufnehmen und dringliche Reformen angehen".

Ebendiese Forderungen, die zumindest das Schweizer Kirchenvolk zu stellen scheint, benannte die Frau an der Spitze der Bildungskommission der Synode des Kantons Luzern: Frauenordination und Abschaffung des Pflichtzölibats. Eine aus Luzern stammende Nationalrätin, Katholikin, legte nach. Diese „verheerende Wahl für die Frauen" werde die Austrittszahlen massiv ansteigen lassen: „Ich kenne sehr viele gute Frauen, die verzweifelt probieren, die Kirche zu verändern." Die „FrauenKirche Zentralschweiz" nannte Ratzinger den „schlimmstmöglichen Ernstfall".

Wenngleich es Frauen waren, die den Ton der Kritik bestimmten, schwiegen die männlichen Katholiken keineswegs. Am 4. Mai lud die Theologische Fakultät der Universität Luzern, einer durch und durch katholischen Gründung, zum Podiumsgespräch unter dem Titel „Was erwartet den neuen Papst? Probleme, Prioritäten, Perspektiven". Fundamentaltheologe Edmund Arens sah in Ratzinger den „obersten römischen Sheriff so vieler Jahre", Kirchenhistoriker Markus Ries, zudem amtierender Rektor der Universität, kritisierte heftig den „Umgang der katholischen Kirche mit der kulturellen Pluralität". Das Papsttum sei leider zu einer „Fiktion überzogener Homogeni-

tät" geworden und müsse darum dringend der „neuen gesellschaftlichen Situation angepasst" werden. Schließlich stellte
Kirchenjurist Adrian Loretan die mit Beifall quittierte Frage:
„Warum sollen Frauen in der katholischen Kirche nicht Kardi-
nälinnen werden können?" Geht es nach dem Willen der Luzerner Katholiken, könnte wohl nur eine Päpstin die Kirche wieder attraktiv werden lassen.

Aus römischer Sicht sind die Nachfahren Tells die sprichwört-
lichen „unsicheren Kantonisten". Jenes Christentum, das der
Theologe Ratzinger für eine Vorstufe des Unglaubens hält, weil
es in der säkularen Welt fast restlos aufzugehen gewillt sei, wünschen sich die Repräsentanten des Schweizer Laienkatholizismus
herbei. Während Rom die theologischen wie strukturellen Unterschiede und damit die Abgrenzungen zu allem Nichtkatholischen
schärfen, also, ökonomisch gesprochen, die Alleinstellungsmerk-
male betonen will, erstrebt der Mainstreamkatholizismus zwischen Bern, Biel und Basel die Erneuerung durch eine erhöhte
Anschlussfähigkeit ans nichtkatholische Umfeld.

Joseph Ratzinger will die spirituelle Glut neu entfachen, indem er die christliche Botschaft wieder auf ihre Kernaussagen
zurückführt. Das Leben eines jeden Getauften soll Zeugnis davon ablegen, „dass unser Leben letzten Endes darauf hinaus-
läuft, Liebe zu empfangen und Liebe zu geben", und dass der
von Gott gesandte, von den Menschen gekreuzigte Christus,
„der die Liebe bis ans Ende darstellt, dieses Prinzip ins ganz
Reale hebt". Strukturdebatten hält er da tendenziell für Ablen-
kungsmanöver. Die Schweizer Katholiken wollen hingegen der
Botschaft erst dann wieder vorbehaltlos trauen, wenn ebendiese
Menschenliebe praktisch geworden ist im Zugang aller zu allen
Ämtern, wenn die kirchliche Hierarchie einen demokratischen
Vorbehalt akzeptiert.

Auch in den deutschen Debatten kehren diese Alternativen
wieder. Die Auseinandersetzung ist hier jedoch noch nicht ent-

schieden. Einem starken antirömischen Affekt steht eine neue Offenheit gegenüber, die seit der Wahl des deutschen Papstes auf ganz erstaunliche Weise zugenommen hat. „Rien ne va plus" heißt es in der Schweiz, „Neuer Papst, neues Glück" in Deutschland. Hier wird sich modellhaft entscheiden, ob die für das 21. Jahrhundert prognostizierte Renaissance des Glaubens eine Rückkehr des Christentums in das kontinentaleuropäische Wertesystem bedeutet.

Neue deutsche Offenheit und alte deutsche Rituale

Erste Verschiebungen in den scheinbar monolithischen Diskursformationen sind seit der überraschenden Wahl Benedikts erkennbar. Gewiss, es gibt unverändert die hauptberuflichen Kirchenkritiker vom Schlage eines Eugen Drewermann. Doch deren vergleichsweise geringe mediale Präsenz deutet auf einen vor wenigen Jahren noch undenkbaren Mentalitätswandel. Der Kirchenkritiker braucht eben, um mit seiner Kirchenkritik durchzudringen, ein weitgehend homogenes Umfeld – eine konventionalisierte Gesellschaft, die wie er ganz reale Erfahrungen mit der Kirche gemacht hat. Eine Kirche, die man nur vom Hörensagen kennt, bietet einen schwachen Resonanzraum für jenen Aufruf zur Selbstdemontage, wie sie Drewermann, dem die kirchliche Lehrerlaubnis entzogen und der vom Priesteramt suspendiert wurde, einfordert: Die Kür Benedikts XVI. spiegele die Macht von Opus Dei, „kein Papst auf Erden" dürfe der „Unmittelbarkeit zwischen den Menschen und Gott" im Wege stehen, der Vatikan müsse endlich von der Reformation, aber auch vom Buddhismus lernen und die „Integration des Unbewussten" betreiben. Er, Drewermann, könne nicht länger akzeptieren, dass die Kirche „jeden Aufbruch zur Mündigkeit mit vorgefertigten Moralstandards verhindert".

Insofern ist die teilweise zu beobachtende neue deutsche Unvoreingenommenheit Resultat einer fortwährenden Entkirchlichung. Die ostdeutschen Länder haben sich neben Tschechien zu Europas atheistischer Hochburg entwickelt. Keineswegs, wie oft behauptet wird, protestantischer und östlicher wurde die Bundesrepublik durch die Wiedervereinigung. Der Beitritt einer überwiegend kirchenfernen Bevölkerung, gepaart mit unterschiedlich starken Austrittswellen, hat dem Katholizismus eine Mehrheit verschafft (26,2 gegenüber 25,8 Millionen im Jahre 2003) und die Nichtchristen zur gleichberechtigten dritten Partei anwachsen lassen. Teils katholischer, teils atheistischer wurde das Land in den neunziger Jahren. Während in Österreich 84 und in der Schweiz 77 Prozent an Gott glauben, sind es in Deutschland 65, im Osten der Republik aber nur 21 Prozent.

Die konfessionellen Experten kennen die Trends sehr genau, und vielleicht auch deshalb fielen die protestantischen Reaktionen auf den neuen Papst moderater aus als die Statements katholischer Basisgruppen. Fast allein auf weiter Flur stand die Bischöfin der evangelisch-lutherischen Landeskirche von Hannover, Margot Käßmann. „Unbegreiflich" sei die Ablehnung der Frauenordination durch Joseph Ratzinger, schließlich werde im Römerbrief eine „Apostelin namens Junia" erwähnt. Die von Ratzinger verantwortete Erklärung „Dominus Jesus" aus dem Jahre 2000, in dem die protestantischen Kirchen als „kirchliche Gemeinschaften" eingestuft wurden, hätten „die evangelischen Christen natürlich als Affront empfunden". Die „Papsteuphorie ungekannten Ausmaßes" könne sie nicht nachvollziehen.

Der protestantische Theologe Friedrich Wilhelm Graf lobt hingegen den „hörbereiten, dialogischen Denker", der „seriositätsbesessen" sei und keineswegs ein Gegner der Ökumene. Grafs Kollege Eberhard Jüngel dankt Ratzinger für seinen Einsatz gegen das „Funktionärs-Christentum" und erinnert daran, dass ein Papst mit „dogmatischem Rückgrat" sein Pontifikat

„viel beweglicher und innovativer ausüben könnte als ein in seiner theologischen Urteilskraft verunsicherter Papst, der seine theologische Unsicherheit autoritär überspielen muss". Beide, Graf wie Jüngel, erhoffen sich eine neue, durchaus protestantisch angehauchte Intellektualität und Nüchternheit auf dem Stuhle Petri. Nach dem in ihren Augen allzu symbolverliebten polnischen Pontifex könne etwas mehr Gedankenstrenge und etwas weniger Mystik der Christenheit gut tun. Ihre freudige Erwartung gilt schließlich einem der ihren: einem Kind bundesdeutscher Universitätstheologie.

Ähnlich gelassen reagierten erstaunlicherweise auch jene, die sich wie Rock-Legende Patti Smith ganz dem Moment und dem Augenschein hingaben. Smith erlebte den 19. April auf dem Petersplatz und gab danach zu Protokoll: „Selbst aus großer Entfernung konnte man die Menschlichkeit dieses Mannes spüren. Er war so glücklich. Ich habe geweint. Ich weiß, dass er nicht jedermanns Geschmack ist, aber ich denke, er ist eine gute Wahl. Ich mag ihn – Ratzinger –, sehr sogar." Dass eine Künstlerin diesem katholischen Oberhaupt Charisma und Menschlichkeit zuschreibt, ja berührt ist von ihm, kann sich kaum ein deutscher Künstler, eine deutsche Künstlerin vorstellen. Martin Walser sprach zwar im Interview mit Radio Vatikan von „unserer ganz naiven Zustimmungsfreude", doch zu diesem Plural haben ihn die Künstlerkollegen nicht autorisiert. Unter ihnen findet Ratzinger seine treuesten Gegner.

Ein „ungelenker Greis", eine „pompös aufgeblähte Vogelscheuche" ist Benedikt XVI., folgt man dem Schriftsteller Georg Klein. „Knöchern theologenintellektuell" nennt Schriftstellerkollegin Thea Dorn den Mann aus Marktl, der laut der Frankfurter Intendantin Elisabeth Schweeger das größte Finanzkapital hinter sich hatte und deshalb gewählt wurde. Schauspieler Peter Kern erklärt bündig: „Ratzinger – ein gieriges Gesicht. Im Zweifel immer ein Rückschritt. Ein Unfall, ein

Rückfall, eine Absage an die Freiheit des Denkens und Lebens. Diese Kirche ist nicht bei Gott."

Die Maßlosigkeit solcher Vorwürfe beweist, wie sehr der Satz des Kirchenhistorikers Rudolf Lill zutrifft, wonach „im modernen Deutschland eigentlich stets Kulturkampf geführt wird" – und zwar ein Kulturkampf zwischen den Erben des Kulturprotestantismus, den „postaufgeklärten" Fortschrittsfreunden und dem kirchlich strukturierten Christentum. Hartnäckig ist die Liebe der (West-)Deutschen zu ihren konfessionellen Vorurteilen und Leidenschaften, weil sie den Leidenschaften und Vorurteilen der Gegenpartei das Feld nicht überlassen wollen. An Rhein und Ruhr und Elbe gibt es, anders als in den Nachbarstaaten, nicht nur den Mainstream und seine Schattierungen, sondern die Fiktion vom ewig unvermischten Schwarz und dem endlos reinen Weiß, ein barsches Pro, ein schroffes Kontra. Weltanschaulich gespalten ist die Bundesrepublik in ihrem tiefsten Kern geblieben, und dieser Kern tritt umso nackter zu Tage, je größer die Gemeinsamkeiten an der Oberfläche zu sein scheinen, je lauter die vermeintlich konsensstiftenden Werte wie Gemeinwohl, Freiheit, Toleranz beschworen werden.

So dauerte es denn nicht lange, bis die „Papsteuphorie ungekannten Ausmaßes", bis die Tage, da jeder wissen wollte, was denn ein Pallium sei, eine Kasel und ein Rosenkranz, nahtlos übergingen in ein kämpferisches „So nicht, meine Herren!". Die liberale Wochenzeitung „Die Zeit", die zuvor den alten Papst melancholisch verabschiedet, den neuen euphorisch als „ein Glück" begrüßt hatte, stellte sich wieder an die Spitze einer langen deutschen Tradition: der Papstkritik.

Ein Verzweiflungsruf erreichte die Leserschaft. „Was ist los in Martin Luthers Provinz? Über Nacht scheint sie in Kardinalsrot getaucht zu sein." Damit müsse Schluss sein, der „alte Medienkatholizismus" dürfe sein Haupt nicht länger so dreist erheben. Der Vatikan sei eine „Riege mächtiger Herren, die ein eigenes privates Leben mit einer geliebten Frau ebenso abwegig finden wie das Recht der Frauen auf Selbstbestimmung". Reformation und Aufklärung dürften nicht über Bord gehen, die Bibel und das Gewissen gäben die Freiheit, christlich zu leben oder aber es zu lassen. „Dafür ist jede sich selbst Papst genug."

Schwierig bleibt das Verhältnis der Deutschen zum Papst an sich und zu diesem im Besonderen. Die Welt schaut auf ihn, den Pontifex aus Luthers Heimat, und darum ist Benedikt XVI. immer auch ein Repräsentant der Glaubensgeschichte seines Landes, und darum wird sein Land nicht aufhören, im Medium der Papstkritik und der Papsteuphorie um den Glauben und um die bundesrepublikanische Deutungshoheit zu streiten.

Dieses Ringen trägt alle Bestandteile eines Entscheidungskampfes in sich: Es findet statt an der Wende zweier Jahrhunderte, und schon einmal, um 1800 und nach dem Ersten Weltkrieg, waren es deutsche Debatten, in denen sich die Weltgeschichte fokussierte. Es findet statt vor dem Hintergrund einer zwischen Zukunftsangst und Menschheitsutopie zerrissenen, multipolaren Welt. Es findet statt im vielleicht letzten Augenblick, da tatsächlich noch einmal das Abendland die Kräfte bereitstellen könnte für einen spirituellen Aufbruch, für einen global überzeugenden Weg der Versöhnung. Benedikt XVI. weiß, was auf dem Spiel steht: Wenn wir Menschen uns nicht aus dem „Salzmeer all unserer Entfremdungen befreien", werde die Welt scheitern.

Ein Regierungsprogramm am Karfreitag

Die deutschen Pilger freuten sich, der Papst schmunzelte über diesen blutigen Witz: „Als langsam der Gang der Abstimmung mich erkennen ließ, dass sozusagen das Fallbeil auf mich herabfallen würde, war mir ganz schwindlig zumute …" In den letzten Minuten seines Daseins als Joseph Ratzinger dachte der

Kardinal also an eine Guillotine, an das effektivste Instrument zur sekundenschnellen Beendigung des Lebens. Oft kleidet sich Trennungsschmerz in martialische Bilder. Schlagertexter wussten schon zu berichten, Abschied sei ein scharfes Schwert. Doch hier, aus dem Munde des frisch gewählten Papstes, überraschte diese Metaphorik dann doch. Einen endgültigen, brutalen Schnitt, einen fremdbestimmten Tod mit anschließender Neugeburt sieht Benedikt XVI. in seiner Wahl. Worauf lässt dieses Sprachbild schließen?

Es ist zunächst einmal typisch für das Denken und Reden des Theologen Ratzinger. Durch sein ganzes Werk zieht sich diese nicht nur begriffliche Freude an der Polarität, der „Unterscheidung des Christlichen", die eine, wie es in der Bibel heißt, „Unterscheidung der Herzen" ist. Ebendiese Formel zitiert Benedikt XVI. in seinem Brief an die spanischen Bischöfe vom 23. Mai und warnt sie davor, Angriffe auf die Religions- und Gewissensfreiheit hinzunehmen. Das grundlegend Neue am Christentum verglich der Kardinal 2002, eine Exegese Basilius' des Großen fortführend, mit einem „Schnitt in die Maulbeerfeige der antiken Kultur". Hierdurch hätten die Glaubensväter die vorchristliche Denkweise „aus faulem Zeug in eine großartige Frucht verwandelt": „Das Evangelium ist ein Schnitt – Reinigung, die zur Reifung und Heilung wird."

Das Bild vom Fallbeil erinnert auch an die zentrale Bedeutung, die Ratzinger dem „Blutzeugnis" beimisst. Wer Christus nachfolge, müsse bereit sein, „den Weg ins Martyrium zu gehen". Der Wiener Kardinal Schönborn, der von den europäischen Bischöfen Benedikt am nächsten stehen dürfte, hat im zentralen österreichischen Dankgottesdienst für den neuen Papst diesem Zusammenhang eine bekannte ekklesiologische Note gegeben. Rom gebühre der Vorrang, weil dort Petrus und Paulus ihr Martyrium erlitten hätten. Rom wird die Bestätigung seines „martyrologischen Primats" gerne vernommen haben.

Schließlich behauptet das Bild vom Fallbeil die absolute Unvergleichbarkeit des päpstlichen Amtes mit den vorherigen Aufgaben als Theologe, Bischof, Kardinal. 1991 sprach Ratzinger vom „schreienden, eklatanten Unproportioniertsein der Menschen zu solcher Funktion". Gewiss ist diese Einschätzung zutreffend, sofern sie die Verantwortung für über eine Milliarde Katholiken meint, das kaum zu bewältigende Arbeitspensum, das im raschen Wechsel von Ansprache, Audienz, Predigt und Verwaltung schon einen vollauf gesunden, jungen Mann restlos überforderte. Eine Kontinuität, keinen Bruch gibt es jedoch auf theologischem, philosophischem und, beides verbindend, pastoralem Gebiet. Das Regierungsprogramm, das Benedikt mit seiner Inaugurationspredigt willentlich schuldig blieb, findet sich in einem Text, den Kardinal Ratzinger wenige Tage vor dem Tod seines Vorgängers schrieb. Es handelt sich um die in ihrer Tragweite weithin unterschätzten Betrachtungen zum Karfreitag.

Vierzehn Stationen umfasst der Kreuzweg, den die Kirche in der vorösterlichen Passionszeit betend nachvollzieht. Er beginnt mit „Jesus wird zum Tode verurteilt" und endet mit „Jesus wird ins Grab gelegt". Zu jeder Station verfasste Ratzinger eine Betrachtung und ein Gebet. Vorangestellt war eine gesonderte Einführung, in der sich bereits einer der Schlüsselsätze findet: „Bloßes Gefühl reicht nicht; der Kreuzweg soll eine Schule des Glaubens sein." An der achten Station präzisiert er den Gedanken. Aus den Worten Jesu zu den klagenden Frauen spreche dessen „Tadel gegen eine bloß sentimentale Frömmigkeit, die nicht zu Umkehr und gelebtem Glauben wird". Es reiche nicht aus, nur „mit Worten und Gefühlen über die Leiden dieser Welt zu klagen". Gefühl muss praktisch werden, und es muss intellektuell reflektiert werden.

Man kann diese Aussage getrost auf das pädagogische Konzept des Gelehrten auf dem Papstthron übertragen. Skepsis bringt er all jenen Mystizismen entgegen, all jenen Privatoffenbarungen, Betroffenheitsreden und Schwärmereien, die im Glauben ein Mittel sehen, sich von der Vernunft dauerhaft zu verabschieden. Statt dessen sollen Glaube und Vernunft sich gegenseitig stärken – um nichts anderes ging es Johannes Paul II. in seiner Enzyklika „Fides et ratio", um nichts anderes ging es Kardinal Ratzinger, als er sich mit Jürgen Habermas zum Disput traf, und auch Papst Benedikt, als er den Bischöfen von Madagaskar am 18. Juni 2005 einschärfte, sie müssten wie alle Bischöfe einen „aufgeklärten Glauben" vertreten.

In der ersten Betrachtung zum Kreuzweg trennt Ratzinger die geifernde Menge, die den Tod Jesu fordert, scharf von den einzelnen Individuen, aus denen sie besteht; diese seien keineswegs „durch und durch böse", doch sie stünden „im Bann der Masse". Und die Masse, ließe sich mit den Worten aus der Betrachtung zur siebten Station sagen, die Masse hört heute wie zu Jesu Zeiten bereitwillig auf die „großen Ideologien", lässt sich verführen zur Sünde – sei es unter nationalsozialistischen oder kommunistischen Vorzeichen oder aber in den sublimeren Formen eines allgegenwärtigen Materialismus, der den Menschen zur Ware herabstuft. All diesen Versuchungen hält Ratzinger mit Blick auf den leidenden Christus entgegen: „Löse den Bann der Begierden. Brich die Macht der Ideologien. Lass die Mauer des Materialismus nicht unübersteiglich werden. Mache uns nüchtern und wachsam, um den Mächten des Bösen zu widerstehen."

Ihren anrührenden Ernst beziehen die Karfreitagsbetrachtungen aus der Überzeugung, dass es das Böse, das Gott und der Vernunft widerspricht, tatsächlich gibt, und dass Wahrheit, Gerechtigkeit, Menschenwürde bis ans Ende der irdischen Zeit bedroht sein werden. Dieser Überzeugung gelte es standzuhalten. Auf keinen Fall dürfe man „vom Bild Gottes und Jesu nur das Sanfte und Liebe" stehenlassen und „das Gericht im Stillen streichen". Schließlich sei den Menschen, damit sie den Kampf um immer wieder neue Augenblickstriumphe immer wieder neu wagen, eine „Unruhe des Herzens" geschenkt. Später, in der Predigt vor dem Beginn des Konklaves, wird Ratzinger die „heilige Unruhe" als einen wichtigen Impuls zur Missionierung preisen. Dank dieser Unruhe, heißt es nun an der sechsten Kreuzwegstation, sehnen sich die Menschen nach dem „Antlitz Gottes", dem Gesicht des Gekreuzigten. Es schenke eine „Lauterkeit und Reinheit", die niemand sonst zu geben vermöge. Der Ort aber dieser persönlichen Erfahrung ist Ratzinger zufolge die Begegnung mit dem leidenden Nächsten.

An der neunten Station – „Jesus fällt zum dritten Male unter dem Kreuz" – erreicht Ratzingers heimliche Paradedisziplin einen Höhepunkt: sein Aufstand gegen die reale Kirche im Namen einer idealen. Der Präfekt sieht Christus im Innersten der Kirche leiden. Schuld daran, dass die Kirche „wie ein sinkendes Boot" erscheine, seien nicht zuletzt die Priester. Sie gingen mit dem „Sakrament seiner Gegenwart", der Eucharistie, unwürdig um, missbrauchten es zu eigenen Zwecken. Nicht den in den Gestalten von Brot und Wein anwesenden Herrn, sondern sich selbst feierten sie. „Wie oft wird sein Wort verdreht und missbraucht? Wie wenig Glaube ist in so vielen Theorien, wie viel leeres Gerede gibt es? Wie viel Schmutz gibt es in der Kirche, und gerade auch unter denen, die im Priestertum ihr ganz zugehören sollen? Wie viel Hochmut und Selbstherrlichkeit?"

Wohl noch kein künftiger Papst hat seinen Priestern derart gründlich die Leviten gelesen. Der Hauptvorwurf lautet: Priester, euch mangelt es an Ehrfurcht und Gehorsam. Feiert die heilige Messe so, wie sie das Römische Messbuch vorsieht, pfuscht der Liturgie, die doch Mensch und Himmel verbinden soll, nicht ins Handwerk, redet weniger und seid dafür etwas frommer. Sonst werde das Lachen Satans kein Ende haben. Der Versucher hoffe nämlich, er könne Christus in den Fall seiner Kirche hineinziehen. „Und doch wirst du aufstehen. Du bist aufgestanden – auferstanden, und du kannst auch uns wieder aufrichten. Heile und heilige deine Kirche. Heile und heilige uns."

In den ersten Tagen seines Pontifikats predigt Benedikt mehrmals ausdrücklich zu Priestern. Natürlich vermeidet er einen ähnlich schroffen Tonfall. Doch wer genau hinhört, der entdeckt hinter den rundum bescheidenen, selbstkritischen Worten die selbe Sorge. Bei seiner ersten Eucharistiefeier als Papst ermahnt er die wahlberechtigten Kardinäle, sie sollten sich besonders um die „Feierlichkeit und Korrektheit der Gottesdienste" bemühen. Den Klerus von Rom warnte er wenig später vor einer „spirituellen Wüste", die sich auch in der Kirche auszubreiten drohe. Sie sollten immer daran denken, dass „wir Priester nicht unsere persönlichen Meinungen, sondern das Geheimnis Christi" zu verkündigen haben. Nur so könne man, wie es im ersten Paulus-Brief an die Korinther heißt, allen alles sein. Und anlässlich der Weihe neuer Priester am Pfingstsonntag erinnert er die jungen Männer an das Geschenk der Vergebung, die eben nur Gott zu gewähren imstande sei – und schlug so abermals den Bogen zur neunten Kreuzweg-Meditation, in der er das „Sakrament der Versöhnung", die Beichte, gegen jene Priester verteidigte, die es zu wenig achten.

Damit die Kirche nicht sinkt, damit dem Satan sein Lachen vergeht, bedarf es also einer ernsten und ernsthaften sakramentalen Frömmigkeit. Die Glieder der Kirche, besonders die Priester, sollen sich neu einüben in der Kunst, Gottesdienst und Eucharistie und Beichte würdig zu begehen, sie ehrfurchtsvoll zu gestalten oder intensiv mitzufeiern. So lautet die Quintessenz aus den letzten Reden des Kardinals und den ersten des Papstes. Frucht dieser sakramentalen Frömmigkeit werde ein verstärkter, gleichwohl nüchterner Zugang zum Glauben sein, den es in praktische Nächstenliebe umzusetzen gelte. Auf diese Weise, hofft Ratzinger und versichert Benedikt, könnte dem durch Menschenhand letztlich unbesiegbaren Bösen immer wieder eine Niederlage zugefügt werden. Am Ende wird laut der vierzehnten und letzten Karfreitagsmeditation „im Verwesungs-geruch der Ideologien unser Glaube wieder Duft sein".

Ein anspruchsvolleres Vorhaben ist kaum denkbar. Hinzu kommt, dass ausdrücklich „alle Männer und Frauen guten Willens" eingeladen sind, sich an der Umgestaltung der Welt zu beteiligen. Auch „diejenigen, die anderen Religionen angehören oder einfach eine Antwort auf die Grundfragen des Daseins suchen", will Benedikt für dieses, für sein Programm gewinnen. Und damit beginnen die Schwierigkeiten.

In den Zielen mag die aufgeklärte Zivilbevölkerung mit Benedikt übereinstimmen. Wer wünscht sich nicht ein Leben ohne Entfremdungen, ein Dasein ohne Ausbeutung, Armut und Verlassenheit? Wer will nicht auf einem zerbrechlichen Planeten Sorge dafür tragen, dass diese Generation mehr hinterlässt als Wohlstandsmüll und das Gefühl ihrer eigenen Entbehrlichkeit? Doch an den Mitteln scheiden sich die Geister. In weltanschaulichen Fragen aber entscheidet sich an den Mitteln alles.

Ob jemand zu Shiva oder zu Jesus Christus betet, wird gläubigen Menschen selbst dann nicht egal sein, wenn das Maß an Leidenschaft und Liebe bei den Betenden identisch ist. Wieso also, wird man fragen, soll ausgerechnet das Christentum den Menschen aus seiner selbst verschuldeten Unmündigkeit retten? Genügt hier nicht der pure Humanismus, die strikt diesseitige Menschenliebe aus Eigennutz? Von welcher Art ist die Wahrheit, in deren Namen Benedikt spricht und die den Schmutz der Sünde abwaschen soll: Ist es eine universale, eine christliche oder eine römisch-katholische Wahrheit? Wer genau sind jene Agenten des Bösen, die diese Wahrheit fortwährend verdunkeln, mit Schmutz also um sich werfen? Und wieso soll die Geschichte der Menschheit auf eine Apokalypse zusteuern, die nur die wahrhaft Nüchternen, die Realisten des Glaubens, bestehen werden?

Es ist an der Zeit, das Weltbild des Joseph Ratzinger, genannt Benedikt XVI., genauer zu fassen.

Das Weltbild Papst Benedikts XVI.

Zivilisationskritik aus deutschen Landen

„Wenn denn nun gefragt wird: Leben wir jetzt in einem aufgeklärten Zeitalter?, so ist die Antwort: Nein, aber wohl in einem Zeitalter der Aufklärung. Dass die Menschen schon im Stande wären, in Religionsdingen sich ihres eigenen Verstandes ohne Leitung eines andern sicher und gut zu bedienen, daran fehlt noch sehr viel. Allein, dass jetzt ihnen doch das Feld geöffnet wird, sich dahin frei zu bearbeiten, und die Hindernisse der allgemeinen Aufklärung, oder des Ausganges aus ihrer selbst verschuldeten Unmündigkeit, allmählich weniger werden, davon haben wir doch deutliche Anzeigen. In diesem Betracht ist dieses Zeitalter das Zeitalter der Aufklärung."

So schrieb es Immanuel Kant am 30. September 1784 nieder, zu Königsberg in Preußen. „Sapere aude", „Habe Mut, dich deines eigenen Verstandes zu bedienen", lautet in diesem sehr schnell sehr berühmt gewordenen Aufsatz der Wahlspruch der Aufklärung. Vor allem „in Religionsdingen" sollte sich die neue Freiheit bewähren. Thron und Kirche, Fürst und Bischof, oft in Personalunion verbunden, sollten nicht länger vorgeben, was die Untertanen zu tun, zu denken und zu glauben hatten. Als abschreckendes Beispiel dient Immanuel Kant die Vorstellung, „eine Gesellschaft von Geistlichen" könnte sich auf ein „gewisses unveränderliches" Glaubensbekenntnis einigen, „um so eine unaufhörliche Obervormundschaft über jedes ihrer Glieder und vermittelst ihrer über das Volk zu führen". Ein blankes Entsetzen löst dieses Szenario bei dem Königsberger Philosophen aus:

„Ein Zeitalter kann sich nicht verbünden und darauf ver-
schwören, das folgende in einen Zustand zu setzen, darin es
ihm unmöglich werden muss, seine Erkenntnisse zu erweitern,
von Irrtümern zu reinigen, und überhaupt in der Aufklärung
weiter zu schreiten. Das wäre ein Verbrechen wider die menschliche Natur." Anno 1784 sollte es noch fünf Jahre dauern, ehe die Revolutionäre in Frankreich Kants Forderungen praktisch werden ließen, die Bastille stürmten, der Königsherrschaft ein Ende setzten, in der Folge die Kirchen verheerten und den „Kult der
Vernunft" an die Stelle des in Frankreich hauptsächlich katholischen Gottesdienstes setzten. Die Aufklärung war der entscheidende, notwendige Schritt hin zur Emanzipation des Individuums. „Freiheit, Gleichheit, Brüderlichkeit" ließen sich
nicht institutionalisieren, revolutionärer Terror und schließlich
die Rückkehr der Bourbonen fegten das Pathos hinweg. Dennoch hätte ohne den vielstimmigen Ruf nach Freiheit, wie ihn
auch Spinoza und Herder anstimmten, die Unterdrückung
breiter Volksmassen noch einige Jahrzehnte angedauert. Was
kann man daran missbilligen?

Wann immer Joseph Ratzinger die Vorgeschichte der „Gegenwart und ihrer kulturellen Erkrankungen" skizziert, fällt
der Name Kant. Er ist das Zentralgestirn der Aufklärung, an
ihn also muss sich halten, wer die Gegenwart verstehen will.
Denn, so Ratzinger im Jahr 2000, „wir sind heute wiederum
in einer neuen Aufklärung begriffen". Als Kern der Aufklärung
des späten 18. Jahrhunderts identifizierte er in einem Aufsatz
von 1995 „ein politisches Programm: Nur die Vernunft soll
herrschen, es soll letztlich keine andere Autorität geben als die
Vernunft. Nur das Einsichtige gilt; was nicht vernünftig, das
heißt einsichtig ist, kann auch nicht verpflichten." Durchaus
hätte Ratzinger sich auf einen aufklärerischen Schriftsteller
und Naturforscher vom Niederrhein, auf Georg Forster, beru-

fen können. Bei ihm wäre zu lesen gewesen, „das Gesetz der Vernunft kann nur eines sein: ihre Anwendung auf alles, was ist, auf alles, was durch die Sinne unmittelbar wahrgenommen oder mit Hülfe der Reflexion als existierend gedacht werden kann." Somit muss sich auch Gott vor diesem „Prüfstein" behaupten.

Wie wir gehört haben, ist Ratzinger, ist ebenso Benedikt weit davon entfernt, die Notwendigkeit vernünftigen Denkens zu bestreiten. Er wehrt sich jedoch gegen die mit dieser Sichtweise von Aufklärung verbundene Abwertung alles nicht unmittelbar Einsichtigen, besonders des Glaubens. Die Kirchenstürmer von Paris sind ihm ein warnender Beleg für solche antireligiösen Exzesse im Namen der Vernunft. Gerne zitiert er das unter mittelalterlichen Theologen verbreitete Wort von der „wächsernen Nase" der Vernunft; diese könne man, sofern man geschickt genug sei, nach allen Richtungen drehen. „Alles ist so gescheit, so einleuchtend."

Die Aufklärung schuf eben nicht nur die Grundlagen der bürgerlichen Freiheiten. Sie setzte nicht nur eine gewaltige Säkularisierung in Gang und verstärkte so, gemäß dem Soziologen Norbert Elias, das „Bemühen um eine innerweltliche Sinnerfüllung" – allein das wäre für einen Mann des Glaubens, einen Mann der Kirche Grund genug, an der Sinnhaftigkeit des ganzen Projekts zu zweifeln. Noch einschneidendere Folgen zeitigte jedoch Ratzinger zufolge die neue Sichtweise auf Mensch und Schöpfung. Das Leben wird seither als Experiment begriffen, der Mensch als dessen alleiniger Konstrukteur, die Natur als das Objekt wissenschaftlicher Zurichtung. Am klarsten formulierte es schon 1964 der Münsteraner Professor: „Wo Wissenschaft zur Weltanschauung wird (und genau dieser Fall soll hier mit dem Wort ‚Aufklärung' bezeichnet sein), wird diese Absolutheit zur These von der Alleingeltung wissenschaftlichen Erkennens und zur Bestreitung religiöser Absolutheit."

Schon unmittelbar nach der Französischen Revolution, um 1800, waren es deutsche Stimmen, die den technizistischen, antireligiösen Zug der Aufklärung scharf kritisierten. Laut Novalis habe sich „der Religionshass" ausgedehnt auf „alle Gegenstände des Enthusiasmus" und die „unendlich schöpferische Musik des Weltalls zum einförmigen Klappern einer ungeheuren Mühle" gemacht. Friedrich Schlegel deutete die Revolution als eine falsche Religion, während doch gerade umgekehrt die Religion das wahre „revolutionäre Prinzip im Menschen" sei. Und viele kluge, keineswegs nur schwärmerische Geister – etwa Ludwig Tieck, Heinrich Wackenroder, Adam Müller – äußerten ihr Unbehagen am „wissenschaftlichen Maschinenverstand" und dessen „mühseliger Mechanik". In der Krise der Moderne war die romantische Skepsis ein genuin deutsches Verhalten, ein deutsches Sinndeutungsangebot an Europa.

Ratzinger steht in dieser Tradition, wenn er die Gegenwart als fortwährendes „Experiment Babylon" geißelt, das „in der totalen Verwirrung und Zerstörung, im Hass und in der Gewalt aller gegen alle" enden könne. Da der Mensch zur Maschine gemacht worden sei und da die globale „technizistische Einheit", eine „Einheit ohne Gott", wie im alttestamentlichen Babel den kulturellen Uniformismus hervorbringe – eine „Einheitszivilisation bis hin zu McDonalds als dem Einheitsfutter der Menschheit", eine „technische Weltkultur, die überallhin vordringt", – aus diesem Grund sei weltweit die Erhaltung des Menschen in seiner je unterschiedlichen Angewiesenheit die vordringlichste Aufgabe. Die in die „Freiheit zur Selbstzerstörung" umgeschlagene Vernünftigkeit des Individuums, „das Alles-haben-Können und Alles-tun-Können, die Unbeschränktheit des Lebensgenusses", wie sie sich im Konsum von Drogen und Sex und den hohen Abtreibungszahlen gleichermaßen zeige, müsse nun eine Grenze finden. Diese Grenze markiere das unverwechselbare, konkrete Gegenüber: „Das

Menschenleben ist kein Experiment, sondern ist Übergabe des Ich an das Du."

Der Papst hat sich die Sensibilität für die Schattenseiten der Aufklärung bewahrt. In seiner pfingstlichen Predigt zu den Jungpriestern spricht Benedikt drei Mal vom falschen Geist von Babel, den es zu überwinden gelte. Babel und der Versuch, einen Turm bis zum Himmel zu bauen, stehen hier für die „Verwirrung der Herzen", die Menschen einander zu Feinden mache. Doch grundiert wird diese Verwirrung von der Neigung, sich dem Nächsten zu verschließen. Und diese monadenhaften Parallelexistenzen, unberührt, unberührbar von Leid und Glück des anderen, rechnen eben zu den Spätfolgen des Kulturbruchs namens Aufklärung, der Narben hinterließ in der Menschheitsgeschichte. Die Narben beginnen nun, im 21. Jahrhundert, eiternd aufzubrechen. So sah und sieht es Benedikt XVI.

Zum Schlagwort wurde die „Dialektik der Aufklärung" bereits durch das gleichnamige Buch Theodor Wiesengrund-Adornos und Max Horkheimers. Es entstand im Schatten der nationalsozialistischen Diktatur und entfaltete seine größte Wirksamkeit zur Zeit der Studentenunruhen. Beide Ereignisse sind mit dem Menschen, der Benedikt XVI. werden sollte, schicksalshaft verbunden.

1933 und 1968 waren Epochenjahre der deutschen Geschichte, und sie machten Epoche im Leben Joseph Ratzingers.

Das Dritte Reich und seine Riten

Am 20. Mai 2005 findet in den päpstlichen Gemächern eine Privatvorführung statt. Gezeigt wird ein polnischer Film über das Leben Johannes Pauls II. Breiten Raum nehmen die Geschehnisse des Zweiten Weltkrieges ein. Der junge Karol Wojtyła war von den deutschen Besatzern zwangsverpflichtet worden. Er musste für die Nationalsozialisten in einem Steinbruch nahe Krakau arbeiten. Dennoch schloss er sich im Untergrund einer Theatergruppe an. Heimlich studierte er weiter. Benedikt XVI. ist von dem Film beeindruckt. Er erinnert an das Wort seines Vorgängers, der Zweite Weltkrieg sei ein Selbstmord der Menschheit gewesen. Er fügt in seinen eigenen Worten hinzu: „Jedesmal, wenn eine totalitäre Ideologie den Menschen trifft, ist die gesamte Menschheit ernsthaft bedroht."

Mit Sätzen wie diesen hätte Benedikt XVI. es schwer, sich in deutschen Talkshows zu behaupten. Vermutlich wäre er auch als Bundestagskandidat weniger geeignet. Die Singularität des Nationalsozialismus verbietet es nach gängiger Lesart, diesen mit anderen Verbrechen gegen die Menschlichkeit in einem Atemzug zu nennen. Schnell ist sonst der Verdacht zur Stelle, hier wolle jemand die Kriegsschuld relativieren. Benedikt XVI. aber denkt die Greuelherrschaft der NSDAP und die Diktatur der KPdSU zusammen, schlägt vielleicht gar einen Bogen zur „Diktatur des Relativismus", die Kardinal Ratzinger vor dem Beginn des Konklaves in so kräftigen Farben schilderte. Allesamt seien sie Ausformungen des Bösen, des Zerstörerischen, der Gottesferne.

Im Dezember 1932 zog Familie Ratzinger von Tittmoning nach Aschau am Inn. Dem fünfjährigen Joseph prägte sich der Tag der Machtergreifung nicht ein, „aber meine Geschwister haben mir erzählt, dass die Schule einen Marsch durch das Dorf vornehmen musste, der zu einem etwas verwässerten Getrampel geriet und kaum besondere Begeisterung weckte". Doch der, um noch einmal Norbert Elias zu zitieren, „kollektive Nationalidealismus" der Deutschen hinterließ später einen desto stärkeren, ja lebenslang wirksamen Eindruck.

Man schrieb das Jahr 1944, der Krieg näherte sich seinem katastrophalen Ende, und der ehemalige Flak-Helfer Joseph Ratzinger, mittlerweile 17 Jahre alt, wurde zum Reichsarbeitsdienst einberufen. Im Burgenland drillte man ihn in längst sinnlos gewordenen Disziplinen. Die eigentümlichste dieser nationalsozialistischen Übungen, schreibt Ratzinger in seinen Lebenserinnerungen von 1997, war „eine Art Kult des Spatens und Kult der Arbeit als erlösender Macht". Die Ausbilder unterwiesen die jungen Männer in der fragwürdigen Kunst, „den Spaten feierlich abzulegen, aufzunehmen, über die Schulter zu werfen; die Reinigung des Spatens, an dem kein Staubkorn haften durfte, gehörte zu den wesentlichen Elementen dieser Pseudo-Liturgie."

Der künftige Priesteramtskandidat war im Innersten getroffen. Ein verbrecherisches Regime zwang seine Untergebenen nicht nur zum Dienst, sondern es verlieh diesem Dienst die falschen Weihen höherer Sinngebung. Und diese künstliche Aura wurde mit Mitteln herzustellen versucht, die der junge Katholik aus den Gottesdiensten kannte. Dem zentralen Requisit sollte, einem Messkelch oder einer Hostienschale gleich, mit Ehrfurcht begegnet werden; rituell wiederkehrende, langsame, zweckfrei-sinnvolle Bewegungen sollten das Tun heiligen und es der Profanität entrücken. Ein den Deutschen „artgemäßer" Kult war hier ebenso das Ziel wie bei den Versuchen, etwa das Weihnachtsfest durch eine „deutsche Weihe-Nacht" zur Feier der Wintersonnenwende zu ersetzen.

Doch dann rückten die sowjetischen Truppen vor, die Front kam näher, „diese Scheinwelt brach von einem Tag auf den anderen zusammen. Nun waren die Spatenrituale zu Ende; wir mussten Tag um Tag ausfahren, um einen so genannten Südostwall zu errichten. Wenn wir abends müde nach Hause kamen, hingen die Spaten, an denen ehedem kein Staubkorn hatte sein dürfen, mit großen Lehmbrocken an der Wand. Niemand fragte mehr danach. Eine ganze Liturgie und die hinter ihr stehende Welt erwiesen sich als Lüge."

Ob der Umschwung sich wirklich in derart zugespitzter

Form, buchstäblich von heute auf morgen, vollzog oder ob des Kardinals Vorliebe für klare Grenzziehungen die Erinnerungen eingefärbt hat, ist unerheblich. Entscheidend ist, dass es ein Ritus war, in den sich die Lüge kleidete, und dass der Ritus zusammenbrach, noch ehe dessen Urheber kollabierten. Die Welt der Formen, ließe sich im Sinne Ratzingers sagen, gehorcht eigenen Gesetzen; Formen bestehen nur dann, wenn sie ein Ausdruck des Wahren sind. Sämtliche „Pseudo-Liturgien", die Goebbels, Himmler und Konsorten ersannen, gingen zugrunde, noch ehe das Dritte Reich unterging. Mit diesem sind sie auf immer verloren.

Hitlers Reich, in dem der Mensch „zertreten, gebraucht und missbraucht wurde für den Wahn einer Macht, die eine neue Welt schaffen wollte" – so Ratzinger 2004 bei den Feierlichkeiten zum 60. Jahrestag der Landung der Alliierten –, dieses Reich war ein Un-Ort, an dem „Gott absolut abwesend" war und der wie ein jeder solcher Un-Orte dem Prinzip der Fremd- und Selbstzerstörung huldigte: „Die totalitären Ideologien des 20. Jahrhunderts haben uns die Errichtung der befreiten und gerechten Welt versprochen und dafür Hekatomben von Opfern gefordert." Hitlers Reich war aber eben auch insofern das Reich der Lüge, als es sich an den Gesetzen der Form verging, Formen entleerte, sie des Sinns beraubte, um Menschen noch fester an sich zu ketten. Diese Erfahrung hat Joseph Ratzinger nie verlassen. Wenn er Eucharistie feiert, liturgische Missstände kritisiert oder gewisse theologische, gewisse politische Entwicklungen tadelt, steht ihm zuweilen gewiss das Bild des schmutzigen Spatens vor Augen: So weit hat es einmal kommen können in Deutschland, als die Menschen Gott aus ihrem Leben vertrieben und die Blöße mit Formen zu bedecken suchten; Mord und Totschlag stellten sich ein.

Das Schicksalsjahr 1968

Nach 1945 ließ die bundesrepublikanische Gesellschaft sich sehr viel Zeit, um die zwölf braunen Jahre – zu bewältigen, aufzuarbeiten oder doch eher zu verdrängen? Nur mühsam kam das Gespräch zwischen den Generationen in Gang, fanden Töchter und Söhne den Mut, ihre schweigsamen Väter zu befragen. Und selbst die Enkel gelangten viele Jahre später oft noch zu jenem Ergebnis, das ein Buchtitel auf die mittlerweile geflügelte Formel brachte: „Opa war kein Nazi". Doch wenigstens einmal, so schien es, brach sich die ganze angestaute Energie, der Zorn der Abgespeisten Bahn. Den „Muff von tausend Jahren" wollte man nicht mehr dulden, nicht an den deutschen Hochschulen, wo man ihn in seiner unseligen Kontinuität besonders stark vertreten wähnte, und auch nicht in der schal gewordenen Wirtschaftswundergesellschaft. 1968 stand vor der Tür.

Das seinerseits längst zum Mythos verklärte Epochenjahr ließ auch den deutschen Katholizismus nicht unberührt. Das Zentralkomitee der deutschen Katholiken (ZdK) lud in die Arbeiterstadt Essen zum nunmehr 82. Deutschen Katholikentag. Er stand unter dem Motto „Mitten in dieser Welt". Ebenfalls 1968 veröffentlichte der neomarxistisch inspirierte Theologe Johann Baptist Metz, gewichtiger Anreger der von Ratzinger abgelehnten lateinamerikanischen Befreiungstheologie, sein Buch „Zur Theologie der Welt". So viel Welt wollten die Gläubigen der Nachkriegszeit noch nie in ihren Glauben einlassen – doch damit, argwöhnte der Tübinger Fundamentaltheologe Ratzinger, holen sie sich vielleicht den Widersacher ins Haus. Auch er veröffentlichte 1968 ein Buch. Auch dessen Titel ist Programm: „Einführung in das Christentum".

Auf dem Essener Katholikentag vom 4. bis 8. September gab es erstmals eine „Kapo", eine „Katholische Außerparlamentarische Opposition", und ein „Aktionskomitee Kritischer Katholiken". Von Rudi Dutschke lernen hieß siegen lernen. Erstmals wurden Flugblätter verteilt, Transparente gebastelt, erstmals bildeten sich Gruppen junger Menschen, die rhythmisch ihre Parolen skandierten. Der Sprechchor erlebte seine katholische Feuertaufe. Auf der Delegiertenversammlung plädierte der Vorsitzende der Katholischen Deutschen Studentenvereinigung energisch für die „Verwirklichung der Forderung nach vollständiger Inpflichtnahme eines mündigen Volkes Gottes". Kirchliche Mitbestimmung war das Ziel. In den katholischen Verbänden müsse es einen „echten demokratischen Aufbau von unten nach oben" geben, und Demokratie erschöpfe sich bekanntlich nicht im „Beschwören formaler demokratischer Verhältnisse". Nein, nötig sei in der Kirche und den Verbänden wie in der Gesellschaft als ganzer die „ständige kritische Reflexion derjenigen Funktionen, die Demokratie in den entscheidensten Phasen der staatlichen Geschichte ausübt". Was tat Ratzinger zur gleichen Zeit? Er erzählte das Märchen vom Hans im Glück.

Die „Theologie der Welt" wirkte wie ein Befreiungsschlag. Johann Baptist Metz unternahm den Versuch, wie er selbst es ausdrückte, „Theologie mit dem Gesicht zur Welt" zu betreiben. Sein Schüler Tiemo Rainer Peters schreibt rückblickend über die enorme Wirkung dieses Aufsatzbandes: „Nach Jahren der spekulativen Isolierung und Verhältnislosigkeit schien die Theologie endlich in der Tonlage der Zeit sprechen zu wollen." Die so genannte „Neue politische Theologie" war geboren. Johann Baptist Metz, in Münster von 1963 bis 1966 Professorenkollege Ratzingers, hatte programmatisch formuliert: „Jede existentiale und personale Theologie, die die Existenz selbst nicht als ein politisches Problem im weitesten Sinne des Wortes begreift, bleibt gegenüber der existentiellen Situation des Einzelnen heute abstrakt." Die Theologie wollte sich einmischen, wollte Stellung beziehen, die Grenzen der Disziplinen und des Akademischen überhaupt hinter sich lassen. Sie wollte praktisch sein und nicht länger abstrakt. Der peruanische Priester Gustavo Gutiérrez und der brasilianische Franziskanermönch und Karl-Rahner-Schüler Leonardo Boff zogen aus politisch-theologischen Ansätzen wie diesem die Konsequenz, die Kirche müsse den Unterdrückten Lateinamerikas in ihrem Kampf um Gleichberechtigung und gegen die Militärdiktaturen massiv beistehen. Die Befreiungstheologie hat ihre Wurzeln auch in deutschen Hörsälen. Generell war „die Tonlage der Zeit" der politischen Aktion günstig gesinnt. Ihr Gegenmodell, die Kontemplation, schien hoffnungslos veraltet. Doch Joseph Ratzinger erzählte das Märchen vom Hans im Glück.

„Wer die theologische Bewegung des letzten Jahrzehnts beobachtet hat und nicht zu jenen Gedankenlosen gehört, die das Neue unbesehen jederzeit auch schon für das Bessere halten, könnte sich wohl dabei an die Geschichte vom ‚Hans im Glück' erinnert fühlen. Den Goldklumpen, der ihm zu mühsam und schwer war, vertauschte er der Reihe nach, um es bequemer zu haben, für ein Pferd, für eine Kuh, für eine Gans, für einen Schleifstein, den er endlich ins Wasser warf, ohne noch viel zu verlieren – im Gegenteil: Was er nun eintauschte, war die köstliche Gabe völliger Freiheit, wie er meinte. Hat unsere Theologie in den letzten Jahren sich nicht vielfach auf einen ähnlichen Weg begeben? Hat sie nicht den Anspruch des Glaubens, den man als allzu drückend empfand, stufenweise herunterinterpretiert, immer nur ein wenig, dass nichts Wichtiges verloren schien, und doch immer so viel, dass man bald darauf den nächsten Schritt wagen konnte? Und wird der arme Hans, der Christ, der vertrauensvoll sich von Tisch zu Tisch, von Interpretation zu Interpretation führen ließ, nicht wirklich bald statt des Goldes, mit dem er begann, nur noch einen Schleifstein in Händen halten, den wegzuwerfen man ihm getrost zuraten darf?"

Wir sind noch immer im Jahre 1968. Die Zeitgenossenschaft, die aus diesen Zeilen spricht, ist eine völlig andere als die Zeitgenossenschaft der Kapo und des Zentralkomitees und der Neuen politischen Theologie. Hier prallen Welt-, Denk- und Sprachbilder hart aufeinander. Ratzinger hat mit seiner „Einführung in das Christentum" ein nicht minder kämpferisches Anliegen als Johann Baptist Metz. Auch ihm gefallen die gesellschaftlichen wie theologischen Entwicklungen der letzten Jahre nicht. Auch er will einen Anstoß geben, damit die Rede von Gott wieder besser vernommen wird. Doch wo die Bewegung seiner Antipoden geradewegs auf die Welt zuführt, will Ratzinger die Christen wieder genauer, leidenschaftlicher in die Welt des Christentums hineinführen. Nicht Anschlussfähigkeit, sondern eine innere Revitalisierung des Glaubens ist sein Ziel. „Zurück zum Wesentlichen, zurück zum Fundament statt hin zur Basis", könnte als Motto über der „Einführung" stehen – ad fontes, ad fontes.

Sehr hämisch hat Hermann Häring, katholischer Theologe aus Nijmegen, ehemals Mitarbeiter Hans Küngs in Tübingen, den Nachweis zu führen gesucht, dass hier das Märchen grob missdeutet werde. Aus der Geschichte von Hansens fortwährender Befreiung sei entgegen deren Anlage eine Verlustgeschichte geworden. Der Hans der Brüder Grimm genieße, nachdem aller Besitz, alle Fremdbestimmung von ihm genommen sei, wirklich das „Glück des Befreitseins" – er taugt also durchaus zum Helden einer politischen Befreiungstheologie. Der Hans des Joseph Ratzinger sei hingegen ein „vorsätzlicher Bequemling, ein im Grunde bedauernswerter Spießer" – wodurch Häring alle „befreiten und glücklichen Menschen" verunglimpft sieht, alle Menschen auch, die wie er, Häring, und in völligem Gegensatz zu ihm, dem angstbesetzten, machtfixierten „theologisch-doktrinalen Robespierre der nachkonziliaren Kirche", eine angstfreie, geschwisterliche Kirche herbeiwünschen. Dass Interpretationen literarischer Texte sich durchaus widersprechen können, verfängt bei Häring nicht. Er sucht und findet in der Märchenexegese Ratzingers ein weiteres Beispiel für dessen Neigung zu „unheilsschwangeren Anti-Positionen, die im Detail weder konkret umschrieben noch genau definiert" werden. Häring ist fast alles zuwider, was Ratzinger äußert. Woher kommt diese Verachtung?

Natürlich sind es vor allem die späteren Entscheidungen des Präfekten der Glaubenskongregation, etwa seine Lehrverurteilung gegen Boff, ist es die harsche Kritik an Küng, dem Förderer aus Tübinger Tagen, an Drewermann, die in weiten Kreisen engagierter Katholiken und progressiver Theologen Bestürzung, Wut oder Resignation ausgelöst hat. Doch die Wurzel dieses Streites liegt tiefer. Hermann Häring, Jahrgang 1937, zählte 1968 zu den Tübinger Theologiestudenten, die Ratzingers Vorlesungen störten. Er zählte zu den Autoren von Flugblättern, die im Auditorium vor Ratzingers Augen verteilt wurden. „Blockaden von Lehrveranstaltungen", schreibt Häring, „Sit-ins und laute Proteste waren bald nicht mehr die Ausnahme." Der „zarte und eher schüchterne Professor" habe darunter gelitten, sich aber nicht zu wehren vermocht; auch habe er nicht „auf diese Ereignisse je theologisch kreativ reagiert; er zog sich eher in sein theologisches Gehäuse zurück" – schreibt Häring in einem ebenso polemischen wie selbstgefälligen Rückblick aus dem Jahre 2001.

„Diese Ereignisse" spielen in Ratzingers Biographie eine entscheidende Rolle. 1968 bedeutet ebenso wie 1933 und später dann 1984 eine Zäsur. An der Tübinger Universität ereignete sich, so Ratzinger, eine „sehr gewalttätige Explosion marxistischer Theologie". Der Funke, den dort Ernst Bloch mit seinem „Prinzip Hoffnung" gelegt hatte, sprang auf die theologischen Fakultäten über, ja diese wurden laut Ratzinger „zum eigentlichen ideologischen Zentrum". Auf Flugblättern wurde die Darstellung des Gekreuzigten eine „sadomasochistische Verherrlichung von Schmerz" genannt. Einige Studenten der evangelischen Theologie sollen lautstark „Verflucht sei Jesus!" gerufen haben. Der junge Professor hielt es nicht länger aus. Obwohl er erst 1966 dank der Unterstützung Küngs nach Tübingen gekommen war, packte er die Koffer. In Regensburg empfing man ihn mit offenen Armen. Die neugegründete Universität suchte dringend nach einem Theologen von Format. In Regensburg erfuhr er bald, dass 1968 auch für glaubensstarke Menschen seines Schlags ein Jahr des Aufbruchs, nicht des Abbruchs sein konnte. 1968 schlug die Geburtsstunde der „Katholischen Integrierten Gemeinde", die er für die vielleicht bessere, auf jeden Fall aber entschiedenere, mutigere, kreativere Kirche hält – ein deutsches Modell, dem Papst Benedikt XVI. viele Nachahmer wünscht.

Es sei ein „Psycho-Terror" gewesen, damals in Tübingen, „tyrannisch, brutal und grausam". Der Theologe dachte zurück an die schlimmen Jahre seiner Jugend, an die Selbstzerstörung Deutschlands im Namen einer menschenverachtenden Ideologie, und er sah Parallelen, wo andere gerade deshalb handelten, um das Vergangene unwiederholbar zu machen. Die jungen Revoluzzer erinnerten ihn an die braunen Demagogen. Das verbindende Glied sei der Traum vom Paradies, letztlich von der Neuschöpfung des Menschen aus Menschenhand. „Wenn in der Forderung der Solidarität und in der Idee der Unteilbarkeit der Freiheit der moralische Charakter des Marxismus liegt, so wird in seiner Ankündigung des neuen Menschen eine Lüge deutlich, die auch den moralischen Ansatz paralysiert. Teilwahrheiten sind einer Lüge zugeordnet, und daran scheitert das Ganze. Die Freiheitslüge hebt auch die wahren Elemente auf. Freiheit ohne Wahrheit ist keine Freiheit."

Bliebe nur noch zu klären, was das eigentlich ist: Wahrheit. Bliebe nur noch zu erzählen, wie und wo der junge Theologe seinen Begriff von Wahrheit entwickelte. Reden wir also vom Zweiten Vatikanum.

Das Christentum und die Wahrheitsfrage

In den Karfreitagsbetrachtungen Kardinal Ratzingers ist die Wahrheit ein Schlüsselwort – und sie hat, wie stets, eine doppelte Bedeutung. Zum einen wird sie in jenem Sinne gebraucht, in dem sie eine konsensfähige Größe ist. „Wie oft", fragt der Glaubenshüter sich und seine Zuhörer, „haben wir selbst den Erfolg der Wahrheit vorgezogen, unser Ansehen der Gerechtigkeit." Und weiter: „Wie oft sind Insignien der Macht, die die Mächtigen der Welt tragen, Hohn auf die Wahrheit, auf die Gerechtigkeit, auf die Menschenwürde." So verstanden, ist der Appell zur Wahrheit ein Appell zur wahrhaftigen Existenz, zum Widerstand gegen Unterdrückung, Ausbeutung, Selbstsucht. Der Wahrheit dienen heißt, immer da die Stimme zu erheben, wo Menschen unter Druck gesetzt werden, heißt aus der Reihe scheren, wenn die westliche Welt auf Kosten der Entwicklungsländer lebt, wenn Staaten zum Kriege rüsten, wenn Neid und Hass das Miteinander bestimmen. Zustimmung ist dieser Forderung gewiss, zumal in Deutschland, dem Musterland der sozialen Bewegungen. Benedikt XVI. hat in seiner ersten Predigt seinen Willen bekräftigt, dieser Spur zu folgen, damit dank der „einenden Kraft der Wahrheit und der Liebe" alle „Völker zu einer großen Familie werden". Wie ein Echo auf dieses durchaus humanistische Programm klingt die Ermutigung des deutschen Bundespräsidenten Horst Köhler auf dem Evangelischen Kirchentag 2005, die Kirchen würden gebraucht, weil sie immer die Wahrheitsfrage stellten.

Andererseits ist Wahrheit eine weltanschauliche Kategorie. Jedes Glaubenssystem bezieht seine spezifische Würde aus dem, was es für wahr hält. Moslem bin ich nur, sofern ich an die Wahrheit des Satzes „Es gibt keinen Gott außer Allah, und Muhammad ist sein Prophet" glaube. Christen glauben, dass einzig Jesus, der Christus, wirklich und wahrhaftig „der Weg, die Wahrheit und das Leben" ist. Dem Zweiten Vatikanischen Konzil zufolge gilt: „Gott selbst hat dem Menschengeschlecht Kenntnis gegeben von dem Weg, auf dem die Menschen, ihm dienend, in Christus erlöst und selig werden können. Diese einzige wahre Religion, so glauben wir, ist verwirklicht in der katholischen, apostolischen Kirche, die von Jesus dem Herrn den Auftrag erhalten hat, sie unter allen Menschen zu verbreiten." Diese zur Mission drängende „Heilswahrheit" überwölbt nun die innerweltliche, mehrheitlich konsensfähige Wahrheit. Absolut konstitutiv für das Denken Benedikts ist die Überzeugung, beide Arten von Wahrheit bedingten einander. Das heißt, die aufrichtige Suche nach der Wahrheit führt sowohl zur Erkenntnis, dass sie in Jesus offenbart wurde, als auch zur Einsicht in die Notwendigkeit eines widerständigen Lebensstils. Verstärkt wurde diese Notwendigkeit, so Ratzinger 1992 bei verschiedenen Anlässen, durch philosophische und soziale Entwicklungen der letzten Jahrzehnte. Der Begriff Wahrheit sei mittlerweile „in die Zone der Intoleranz und des Antidemokratischen gerückt", und zugleich habe man ihn „praktisch aufgegeben und durch den des Fortschritts ersetzt".

Tatsächlich ist die Wahrheit keine Einheit, mit der avancierte Philosophen oder Soziologen gerne operieren. Wer will sich schon anmaßen, heißt es, zu sagen, was wahr ist; man müsse sich damit bescheiden, die verschiedenen Wahrheitsvorstellungen vor dem Hintergrund ihrer kulturellen Besonderheiten zu analysieren. Analytisch heißt denn auch diese im angelsächsischen Raum dominante Art des Philosophierens. Ratzinger hingegen fragt: „Ist es nicht Anmaßung zu sagen, Gott könne uns nicht das Geschenk der Wahrheit machen?" Durch das Beharren auf dem Wahrheitsbegriff erhält sein Denken eine latent traditionskritische Note. „Wenn der Mensch der Wahrheit unfähig ist, dann ist alles, was er denkt und tut, zufällige Konvention, bloße ‚Tradition'."

Zugleich sperrt sich natürlich jede Wahrheit gegen ihre Historisierung. Das im Raum des katholischen Christentums für wahr Erkannte gegen die „Relativisten" zu verteidigen, war die Hauptaufgabe des Präfekten der Glaubenskongregation, mehr noch: Es war und ist die Lebensaufgabe des Menschen Joseph Ratzinger. Als sich dessen Priesterweihe im Juni 2001 zum fünfzigsten Mal jährte, sprach Johannes Paul II. eine biographische Wahrheit gelassen aus: „Die Absicht, die Sie in ihrer Studien- und Lehraufgabe geleitet hat, haben Sie in dem Wahlspruch anlässlich Ihrer Bischofsernennung zum Ausdruck gebracht: Cooperatores veritatis. Das Ziel, das Sie seit den ersten Jahren Ihres Priestertums anstreben, war immer, der Wahrheit zu dienen, sie immer tiefer zu erkennen und sie immer weiter bekannt zu machen."

Die Wahrheitsfrage muss für das Christentum auch deshalb unaufgebbar sein, weil es sich als „Religion des Logos" begreift. Der Logos – das Wort, der Sinn, die Vernunft – ist „der rationale Urgrund alles Wirklichen". Das Wort Gottes schuf die Welt, Jesus ist das Fleisch gewordene Wort und die Schöpfung das bis ins Letzte sinnvolle Reich der moralischen Vernunft. Denkend muss sich ergo der Mensch zur Welt verhalten, will er seinem Schöpfer gerecht werden. Ratzinger verurteilt den „heutigen Relativismus" ebenso scharf wie den Siegeszug von Aberglaube und Schwärmertum, erblickt in beiden eine Strategie, die dem Neuheidentum zuarbeitet. Benedikt folgt ihm da ganz. Bei der Antrittspredigt in der Lateranbasilika, der römischen Bischofskirche, sprach er von der päpstlichen Verantwortung dafür, „dass das Wort in seiner Größe anwesend bleibt und in seiner Reinheit verlautet, so dass es nicht durch den kontinuierlichen Wandel der Moden zerschlagen wird". Der relativistische Hans-im-Glück soll keine Chance haben. Das Wort, die Vernunft, den Logos, kurz: die christliche Heilswahrheit will Benedikt löwengleich verteidigen, bienenfleißig tragen in die zu wendende Welt.

Auch als der Heidelberger Ägyptologe Jan Assmann seine bahnbrechenden Arbeiten über „Moses den Ägypter" (1998) vorstellte, zeigte sich, wie aufmerksam der römische Dogmatiker die deutschen Debatten verfolgt – besonders dann, wenn die Wahrheit auf dem Spiel steht. Assmann konturierte die „Mosaische Unterscheidung" als den durch Mose erstmals eingeführten „Begriff einer unwahren Religion". Der Wechsel von der ägyptischen Vielgötterei zum jüdischen Glauben allein an Jahwe habe, so Assmann, ein „Hass- und Gewaltpotential festgeschrieben, das sich in der Geschichte der monotheistischen Religionen immer wieder aktualisiert hat". In Ägypten sei letztmalig die „Konvergenz von Vernunft und Offenbarung" gelungen. Vereinfacht ausgedrückt: Wo die vielen Götter nicht mehr friedlich nebeneinander stehen, sondern der eine Gott der einzig wahre sein soll, da wird der Gläubige zum Mörder an den Ungläubigen, und die Vernunft bleibt auf der Strecke. Ausführlich gibt Ratzinger Kontra.

Assmanns Überlegungen seien ein weiteres Symptom für die „immer schärfer werdende Krise des Christentums". Von der Wahrheitsfrage wolle man sich verabschieden zugunsten eines vemeintlich friedfertigeren Heidentums. „Die Unterscheidung von wahr und unwahr im Bereich der Religion muss aufgegeben werden, wir müssen wieder zurück in die Welt der Götter. Assmann ordnet sich in diese Bewegung ein, eben weil er die Mosaische Unterscheidung, die der Exodus ist, als Quelle der Übel ansieht, die Religion entstellt und die Intoleranz in die Welt getragen hat." Diese nicht ganz unpolemische Interpretation von „Moses der Ägypter" erweitert Ratzinger durch den Verweis auf Homer. Wer die „Odyssee" kenne, der wisse bereits um „die Kriege der Götter", die eben keineswegs in friedlichschiedlicher Koexistenz jeden nach seiner Façon glücklich werden ließen. Außerdem war Moses nicht der historisch Erste, der die Wahrheit ins Zentrum des Denkens rückte. Ratzingers Ge-

genbeispiel sind die Vorsokratiker; bei ihnen sei die Wahrheitsfrage „aufgebrochen", ehe sie bei Sokrates ihre „größte Form" gefunden habe. Sein Gewährsmann hierfür ist – wie schon in einem Aufsatz von 1992 – Romano Guardini, der „die Frage nach der Wahrheit als Kern des sokratischen Ringens" darlegte. Summa summarum: Es sei dem Menschen tief angeboren, nach dem, was wahr ist, zu suchen, und das Unwahre zu meiden. Ob daraus eine kriegerische Auseinandersetzung wird, ist dann eher eine Frage des Gottesbildes und, einmal mehr, der reflexiven Redlichkeit.

So weit, so gut, so schwierig. Denn: Spätestens seit Kant gilt eben die Idee einer unabänderlichen Wahrheit, zumal „in Religionsdingen", als anstößig, wenn auch kaum mehr wie 1784 als „Verbrechen wider die menschliche Natur". Gerade Personen, die sich ähnlich viel auf ihren Intellekt zugute halten wie der Mann aus Marktl, können Dogma und Freiheit, Offenbarung und Wissenschaft nicht harmonisieren. Weshalb soll die Vernunft rast- und ruhelos, selbstkritisch und kühl nach der Wahrheit forschen, nur um vor einer Mauer namens Autorität innezuhalten, die dann an ihrer statt das letzte Wort spricht? Ratzinger verkörperte diese Autorität, das vatikanische Lehramt, die Glaubenskongegation, 24 Jahre lang. Doch schon den Shooting-Star der deutschen Theologenszene fesselte dieses Thema wie kaum ein anderes. Am Zweiten Vatikanischen Konzil (1962–1965) nahm er als offizieller Berater des Kölner Kardinals Frings bei. Abzulesen ist sein Einfluss an zwei Paragraphen über die bischöfliche Kollegialität in der dogmatischen Konstitution über die Kirche, „Lumen gentium", – und an der Endgestalt von „Dei Verbum". Deren Thema ist das Verhältnis von Theologie, also menschlicher Erkenntnis, und göttlicher Rede, wie sie sich in den Evangelien niederschlägt.

„Dei Verbum" war heftig umstritten. Vier voneinander abweichende so genannte Schemata mündeten schließlich in den endgültigen Text. Damit wurde, wie Karl Rahner und Herbert Vorgrimler in ihrem Kommentar festhielten, die Forschungsfreiheit der wissenschaftlicher Exegese „gesichert und deren Rang ausdrücklich anerkannt: durch ihre wissenschaftliche Vorarbeit reift erst das Urteil der Kirche". In Artikel 23 etwa „ermutigt" die Synode „die Söhne der Kirche, die Bibelwissenschaft treiben, das glücklich begonnene Werk mit immer neuen Kräften und ganzer Hingabe im Geist der Kirche fortzuführen". In Artikel 12 über die „Art und Weise, die Heilige Schrift auszulegen", wird der historischen Forschung ein weites Feld eröffnet. Die Wahrheit der Heiligen Schrift liege in verschiedenen „literarischen Gattungen" vor, „je anders dargelegt und ausgedrückt in Texten von in verschiedenem Sinn geschichtlicher, prophetischer oder dichterischer Art, oder in anderen Redegattungen".

Die kritische Arbeit an den somit von Fall zu Fall ganz unterschiedlich beschaffenen, ganz unterschiedlich entstandenen Bibelstellen dürfte den Theologen nie ausgehen. Damit hatten die deutschen Bischöfe eines ihrer Hauptanliegen durchgesetzt. „Der modernen Exegese legitimer Raum in der Kirche" war damit, wie der Fuldaer Oberhirte Eduard Schick erklärte, garantiert. Den Erfolg durfte sich auch Joseph Ratzinger auf die Fahnen schreiben. Seine Rede am 10. Oktober 1962 vor den Bischöfen Deutschlands, Österreichs und Luxemburgs zur Problematik der göttlichen Offenbarung fasste die Leitlinien des „deutschen Blocks" zusammen, wie sie sich dann in „Dei Verbum" wiederfanden.

Noch 2003 stellte Ratzinger zu Recht fest, die dogmatische Konstitution „Dei Verbum" habe „in der Tat ein neues Blatt im Zueinander von Lehramt und wissenschaftlicher Exegese aufgeschlagen". In seinem eigenen wie im Namen der Glaubenskongregation bekannte er: „Wir sind zutiefst dankbar für die Öffnungen, die uns das Zweite Vatikanum als Frucht eines langen

Ringens geschenkt hat." Es gibt keinen Grund, an der Aufrichtigkeit dieses Dankes zu zweifeln. Doch ebenso wahr ist, dass die Wirkungsgeschichte von „Dei Verbum" in Ratzingers Augen auch eine problematische, ja dunkle Seite hat. Die solchermaßen ins Recht gesetzten Theologen hätten allzu schnell die Aussage des Vatikanums vernachlässigt, wonach – laut „Dei Verbum" – Überlieferung, Schrift und Lehramt den gemeinsamen Boden bilden, auf dem die Theologie erst gedeihen kann.

Durchgesetzt habe sich jedoch ein „neues Selbstbewusstsein unter den Gelehrten, die sich als die wahren Sachwalter der Erkenntnis verstanden", sich also selbstherrlich über die Vorgaben der Tradition und der Kirchenleitung hinwegsetzten. Und dann folgt, ebenfalls in den Erinnerungen von 1997, der böse Satz, Luther habe bekanntlich „das Priesterkleid durch die Robe des Gelehrten ersetzt" – was im Umkehrschluss die Vermutung nahelegt, die Kirchenspaltung wäre unterblieben, hätte Luther seinem Weiheversprechen die Treue gehalten, und dass, wer heute Frömmigkeit und Intellektualität in ein ähnliches Ungleichgewicht bringt, tendenziell einem neuen Schisma zuarbeitet. Die Theologen von heute als Kirchenspalter von morgen?

Nicht jede Parallele will zu Ende gedacht werden, doch Jahr um Jahr wuchs die Kritik Ratzingers an den Folgen des Konzils. Er, der Zeitzeuge und Mitarbeiter, sah überall Vereinfacher und Verwässerer am Werk, die den Eindruck vermittelten, „dass eigentlich Reform nicht in einer Radikalisierung des Glaubens, sondern in irgendeiner Art von Verdünnung des Glaubens zu bestehen schien". Sein amerikanischer Biograph, John L. Allen, datiert das „Coming-Out des konservativeren Joseph Ratzinger" auf das Jahr 1971. Damals stellte Ratzinger anlässlich eines Vortrags bei der Münchner Katholischen Akademie die Frage, weshalb das Konzil nach einem so vielversprechenden Beginn eine so beängstigende Leere hinterlassen habe. Seine Diagnose lautete auf Lähmung durch Reformeifer.

Allens Periodisierung ist fragwürdig. Konservativ im Sinne von bewahrend war Ratzinger schon immer. Konservativ, treu zum Ursprung, sind alle Gläubigen, denen es um eine Radikalisierung ihres Glaubens, also eine erhöhte Verbindlichkeit geht. Ratzinger nahm deshalb die Konzilstexte von Anfang an stärker beim Wort als seine progressistischen Kollegen, die lieber deren Geist in kirchenpolitische Aktion umzumünzen und so aus jeder „Kann"-Bestimmung ein Soll, aus jedem erweiterten Spielraum ein neues Spielfeld abzuleiten suchten. Ratzinger blieb jedem Hans-im-Glück (und hieße er Küng) ein Gegner. Er vertraute der Mahnung eines Hans Urs von Balthasar: „Einzig die Besinnung auf das Christliche selbst, das Läutern, Vertiefen, Zentrieren seiner Idee macht uns fähig, es dann auch glaubwürdig zu vertreten, auszustrahlen, zu übersetzen. Wer mehr Aktion will, braucht bessere Kontemplation, wer mehr formen will, muß tiefer horchen und beten."

Letzte Dinge und die Lüge Utopie

Der Nationalsozialismus und der studentische Marxismus, das braune Reich der Lüge und das Regiment der roten Ideologen, der Kult des Spatens und der Terror der Trillerpfeifen sind im Denken Ratzingers realisierte deutsche Unorte, Nicht-Orte, Orte der Negation, buchstäblich also: Utopien. Wenn der Glaubenspräfekt, wie es oft geschah, vor dem „Truggespenst der Utopien" warnte, argumentiert er in denkbar größter biographischer Kontinuität. Dahinter verbirgt sich nämlich ein eschatologisch-apokalyptisches Geschichtsbild, das er bereits 1955, gerade einmal 28-jährig, in seiner Habilitation an der Münchner Universität genau ausgeführt hatte. Ihr Titel lautete „Die Geschichtstheologie des heiligen Bonaventura".

Das verbrecherische Dritte Reich schloss zumindest rhetorisch an das Gedankengebäude des Abtes Joachim von Fiore (1130–1202) an, von dem sich wiederum Bonaventura (1217/22–1274) und mit Bonaventura Joseph Ratzinger distanzierten. Joachim war durchdrungen von der „Erwartung einer innergeschichtlichen Heilszeit, eines noch ausstehenden Zustands der Vollerlösung *in* der Geschichte". Nach dem Reich des Vaters und dem Reich des Sohnes werde bald, um das Jahr 1260, das dritte Reich, das Reich des Geistes, anbrechen, in dem das kontemplative Leben der Mönche die bestimmende Daseinsform sei. Eines göttlichen Eingriffs bedürfe es hierfür nicht. Joachim gilt als Begründer der Hoffnung auf ein irdisches Paradies. Vulgär-Joachimisten sind demnach die Aufklärer und die französischen Revolutionäre und die Marxisten und die Klassenkämpfer und die Nationalsozialisten und auch die Eugeniker des 20. Jahrhunderts.

In seiner Habilitationsschrift konnte Ratzinger, wie er rückblickend darlegt, „als Erster zeigen, dass Bonaventura sich eingehend mit Joachim auseinandergesetzt" hatte. Aus dem ersten Kapitel des Werks von 1955 spricht weit mehr: eine identifikatorische Sehnsucht des Nachwuchstheologen. Der Heilige, lesen wir, wollte „den geistigen Verirrungen der Zeit das Bild der wahren christlichen Weisheit entgegenhalten". Lässt sich der enorme theologische Ehrgeiz, die Mission Joseph Ratzingers und Benedikts XVI. präziser benennen? Will nicht auch er, 700 Jahre später, eine Welt am Abgrund durch die Macht des Glaubens und des Gedankens zur Umkehr bewegen? Erteilt nicht auch er allen Versuchen, das menschliche Miteinander zu perfektionieren, eine Absage?

Wenn er also 1995 knapp feststellt, es werde „innerhalb dieser unserer Menschengeschichte nie den absoluten idealen Zustand geben", wenn er 2002 darauf hinweist, dass eine „endgültig heile Gesellschaft" das Ende der Freiheit bedeutete, dann zeichnet ihn dieser Realismus als gelehrigen Schüler Bonaventuras aus. Und bonaventurisch geprägt ist auch die Fronleichnamspredigt 2005. Benedikt erinnert an „die Finsternis des Bösen", der Jesus sich ausliefern musste, um sie zu besiegen. Er ermuntert die Gläubigen, alle „Versuchungen und Ängste" dem Auferstandenen betend darzubringen. Nur Christus sei „der göttliche Segen für die Welt". Das Böse, lässt sich folgern, kann diesseits nicht endgültig besiegt werden, wohl kann es aber eine Brücke sein zum Heil, das im Himmel seinen Sitz hat.

Das geschichtstheologische Frühwerk zeigt außerdem, dass lange vor dem Konzil und noch länger vor der vermeintlichen „Rolle rückwärts" des Konzilstheologen Ratzinger die Kirche ihm der entscheidende theologische Bezugsrahmen war. Schrift, schreibt der 28-jährige Doktor, die Offenbarung sein will, erschließt sich nie „als Sache des Einzellesers", sondern ausschließlich „im lebendigen Schriftverständnis der Kirche". „Wer glaubt, ist nie allein", wird Benedikt XVI. ausrufen – und auch wer die Bibel deutet, kann dies nur gemeinsam mit der Kirche und deren „lebendigen", also sich wandelnden Normen.

Doch nicht nur die Kontinuitäten der Abneigung und Abgrenzung nehmen bei Bonaventura ihren Anfang. Hier findet sich auch das große Hoffnungsbild, das mit dem beschleunigten Niedergang der Volkskirche dann stetig an Reiz gewinnt. Bonaventura hatte die Menschheitsgeschichte auf sehr eigenwillige Weise in sieben bzw. acht Tage eingeteilt. In Ratzingers Worten: „Seitdem es Kirche gibt, gibt es auch diese geheime, glorreiche Nebengeschichte, die Geschichte des Himmels, und neben dem drangsalvollen, mühseligen sechsten Tag läuft verborgen, aber wirklich die Herrlichkeit des siebten Tages einher. Auf diese beiden miteinander verbundenen Tage folgt dann der ewige achte Tag, der durch Auferstehung und Gericht eingeleitet wird."

Mit Christi Tod, Erweckung und Himmelfahrt begann folglich eine neue Ära der Krise, die bis heute anhält, eine aus Ruhm und Niedertracht, aus Erlösung und Mühsal gemischte

Zeit. Krise ist immer an diesem sechsten Welt-Tag, der schon 2000 Jahre anhält. Die Kirche jedoch stellt das Unterpfand dar eines im Diesseits keimhaft spürbaren Himmels. Dank ihrer weht der „Hauch einer neuen Zeit, in der das Verlangen nach dem Glanz der anderen Welt überformt ist von einer tiefen Liebe zu dieser Erde, auf der wir leben". Referiert hier wirklich ein Habilitand einen mittelalterlichen Heiligen, oder formuliert ein junger Mensch, den es nach Gestaltung drängt, seine eigene Programmatik? Sofern Letzteres stimmt, tritt ein weiterer folgenschwerer Aspekt hinzu: Die „geheime, glorreiche Nebengeschichte" wird auch von jenen geschrieben, die abseits der großen Institution Ernst machen mit der Nachfolge Jesu – von den neuen geistlichen Bewegungen, deren rasantes Wachstum Johannes Paul II. mit Sympathie verfolgte und in die Benedikt XVI. seine Hoffnungen setzt.

Die Perspektive allen Daseins reicht in dieser Konzeption weit über die Erde hinaus. Nicht die klassenlose Gesellschaft oder die reinrassige Nation oder die Community der Designer-Babys und der Klone markiert den irdischen Endpunkt, sondern die „gottgeschenkte Sabbatruhe". Menschen haben auf die Ausgestaltung dieser letzten Tage ebenso wenig Einfluss wie auf den Zeitpunkt – und das ist wohl auch gut so. Denn da, wo Menschen sich hemmungslos austoben, schaffen sie Ratzinger zufolge ein neues Babel, da leben sie, wie im Europa des beginnenden 21. Jahrhunderts, „in einer gewissen Dekadenz" und hebeln aus vermeintlich vernünftigen Erwägungen den Schutz der Ehe aus. Auch diese abschüssige Bahn wird eines Tages enden, wo alles begann. „Von Gott durch Christus zu Gott" verlaufe die „einmalige, geordnete Kreisbewegung" der Geschichte. Bei Bonaventura, wo sonst, fand der junge Theologe diese Einsicht. Er hält ihr die Treue bis heute.

Der Ratzingersche Realismus ruht, wie wir gesehen haben, auf eschatologischem Grund. Alles denkt er vom Ende her, und der Herr alles Endens ist Gott. Ratzinger widersteht nicht nur, er bekämpft mit Argument und Macht die Agenten jedweder innerweltlichen Utopie. Sein Gegenprogramm heißt christliche Hoffnung: „Die Welt gehört Gott und nicht dem Bösen, wie viel es auch anrichten kann." Dass es das unwiderruflich Böse und das ewig Gute gibt, folgt aus der Überzeugung, die eine Wahrheit sei erkennbar und sie habe ihren höchsten Ausdruck in der Menschwerdung Gottes gefunden. Der intellektuelle Mainstream behauptet das Gegenteil: Statt der Wahrheit gebe es unendlich viele Wahrheiten, die mal mehr, mal weniger plausibel, niemals aber in sich wahr oder falsch seien. Wer am Begriff der Wahrheit festhalte, leiste kriegerischen Auseinandersetzungen Vorschub.

Speziell in Deutschland war die Ratzingersche Geschichtsphilosophie lange Zeit unbeliebt, erschien sie als hoffnungslos antimodern. Nicht Bonaventura, sondern Joachim von Fiore mit seinem Glauben an ein irdisches Paradies ohne göttliche Intervention fand in Deutschland begeisterte Anhänger. Die Aufklärer nahmen die säkularisierte Endzeiterwartung begierig auf. Lessing schrieb: „Sie wird kommen, sie wird gewiss kommen, die Zeit der Vollendung, sie wird gewiss kommen, die Zeit eines neuen Ewigen Evangeliums." Bei Kant war eine „vollkommen gerechte bürgerliche Verfassung" die „höchste Aufgabe der Natur für die Menschengattung". Karl Marx sah in der klassenlosen Gesellschaft die letzte und höchste Stufe der Menschheit, Heinrich Heine und die Seinen wollten „hier auf Erden schon / Das Himmelreich errichten". Die nationalsozialistische Rassenutopie erinnerte bereits im Titel an Joachim von Fiores drittes Reich. Die Studentenrevolte von 1968 zielte ebenfalls auf den neuen Menschen und die neue, befreite Gesellschaft. Alle diese utopischen Bewegungen widersprachen dem Welt- und Geschichtsbild Bonaventuras, das Ratzinger sich zu Eigen machte – in bewusster Auflehnung gegen deutsche Traditionen.

Wenig Gemeinsamkeiten gibt es auch zwischen der real verfassten Christenheit in Deutschland und der Kirche als Weg-, Lebens- und Schicksalsgemeischaft, die Joseph Ratzinger wie Benedikt XVI. am Herzen liegt. Unrettbar fremd schien man sich in langen Jahren geworden zu sein. Feuer und Eis prallten hier aufeinander, und wer wüsste zu sagen, was brennt und was schmilzt?

Die Deutschen und ihre Kirche

Abschiedsriten und Neuanfang

Samstag, vier Uhr nachmittags, irgendwo zwischen Ibbenbüren und Augsburg. Es herrscht Gedränge auf den teuren Plätzen, ganz dicht an der Kasse, wo die Massenblätter die Kundschaft umgarnen. Wer hier liegen darf, der hat es geschafft, der zählt zur Crème de la crème der Zeitschriften, der sichert dem Kioskbesitzer das Überleben. Es ist ein Samstag wie so viele Samstage zuvor, die Massenblätter kennen ein einziges Thema. „Focus" stellt das „Judas-Evangelium" vor, eine „Jahrtausend-Sensation". Der „Stern", der gerade eine Serie zu den Weltreligionen abgeschlossen hat, erinnert an die Kreuzzüge, der „National Geographic" erforscht „die Kraft des Judentums", der „Spiegel" widmet Johannes Paul II. einen Nachruf zu Lebzeiten, schlicht „Der Unsterbliche" betitelt.

Nach dessen Tod am 2. April 2005 sind die Regale in weiß und gelb getaucht, die Farben des Vatikans. Sondernummer stapelt sich auf Sondernummer. Auch die Konkurrenz mit den kürzeren Texten und den niedrigeren Preisen buhlt nun mit. „SuperIllu", die Stimme aus dem Osten, veröffentlicht „Gedenk-Ausgabe Nr. 01", daneben liegt das Pendant der Hausfrauenzeitschrift „die aktuelle". Zum „Abschied vom Jahrtausend-Papst" sagt sie schlicht „Danke, Heiliger Vater". Bald wird der „Spiegel" 20 Seiten lang das „Gefühl des Glaubens" anlässlich der „globalen Wallfahrt nach Rom" zu erklären suchen. Über eine Million Menschen haben dem Papst die letzte Ehre erwiesen.

Sonntag, zehn Uhr, irgendwo zwischen Saarlouis und Tangermünde. Die Glocken sind verstummt, der Priester hält Einzug. Zwei Messdienerinnen folgen ihm. Die Organistin spielt schwungvoll. Der Pfarrer küsst den Altar. Sein vierzigjähriges Priesterjubiläum liegt wenige Tage zurück. Der Chor in den Bänken ist leise, der Sopran dominiert. Von den dreißig Kindern, die im vergangenen Jahr ihre Erstkommunion feierten, ist eines noch da. An die Firmlinge erinnert sich kaum jemand. Die versammelte Gemeinde ist eher alt als jung, eher weiblich als männlich. Sie stirbt einen langsamen Tod, sanft und offenbar unaufhaltsam. Von umgerechnet 100 deutschen Katholiken nahmen im Jahre 1960 immerhin 46 am Sonntagsgottesdienst teil, 1980 waren es knapp 30, im Jahre 2003 lediglich 15. Die Zahl der katholischen Taufen sank im gleichen Zeitraum von 500 000 auf 206 000 jährlich.

Der Priester küsst den Altar. Die Organistin spielt das Schlusslied, „Den Herren will ich loben". Die Messe ist nach genau einer Stunde beendet. Vier Minuten später verlässt der Pfarrer die Kirche, die die seine nicht mehr ist. In 26 Minuten beginnt der Gottesdienst im Nachbarort. Drei Messdienerinnen und ein Messdiener werden ihm folgen.

Zwei Schlagwörter beherrschen die Debatte. Das eine heißt „Renaissance der Religionen", das andere „Glaubensschwund und Kirchenkrise". Die beiden einander zunächst widersprechenden Phänomene scheinen sich zur selben Zeit im selben Land zu ereignen. Falls das böse Wort Mephistos nicht zutrifft, wonach der Geist der Zeiten „der Herren eigner Geist" sei, „in dem die Zeiten sich bespiegeln", falls nicht jeder nur sieht, was er seinen inneren Überzeugungen oder den äußeren Zwängen gemäß meint sehen zu müssen – dann scheitert ein breites Glaubensinteresse an der mangelnden Attraktivität der Glaubensboten. Dann ist die Kirche kein priviligierter Ort der Glaubensvermittlung, sondern steht der Erneuerung des Christentums im Wege.

Auch Ende 2000 diagnostizierte der „Spiegel" eine „Rückkehr des Glaubens". Im gewohnt meinungsstark formulierten

Titelthema war zu lesen: „Nach einem Jahrhundert beispielloser wissenschaftlicher Fortschritte ist der Glaube an das Walten übernatürlicher Mächte ungebrochen. Eine weltweite Renaissance der Religion kennzeichne den Aufbruch ins neue Jahrtausend, konstatiert der amerikanische Politikwissenschaftler Samuel Huntington.“ Damals wie heute ist solchen Urteilen mit Skepsis zu begegnen. Vielleicht sind es ja ganz andere, gewissermaßen vor-religiöse Sehnsüchte, die sich von Zeit zu Zeit rituell entladen. Vielleicht sehnen sich die Großstadtnomaden und Provinzvirtuosen nach einer spirituell verdichteten Auszeit vom Alltag, die mit Religion wenig und mit Christentum fast gar nichts zu tun hat. Vielleicht geht es der Mehrheit um die Teilhabe an „glanzvollen Bildern, großen Gefühlen, unvergesslichen Augenblicken“. So nämlich lautete die Unterzeile der „Gedank-Ausgabe Nr. 01“, mit der die „SuperIllu“ die Tode von Johannes Paul II., Fürst Rainier III. von Monaco und Harald Juhnke zu einem einzigen sentimentalen Wohlfühl-Event zusammenrührte.

Dennoch ist es unverkennbar, dass der Glaubensmalus sich langsam in einen Bonus zu verwandeln beginnt. In den achtziger Jahren hätte sich ein Fondsmanager den Vorwurf der Geschäftsschädigung zugezogen, hätte er, wie nun geschehen, öffentlich bekannt: Ja, er bete täglich, ja, er gehe jeden Sonntag in die Kirche, ja, er habe ein Kruzifix und einen Rosenkranz im Büro. Gerade unter den Personen öffentlichen Interesses ist die Bekenntnisfreude enorm gestiegen. Keiner von ihnen muss befürchten, hierdurch die Kunden oder das Publikum vor den Kopf zu stoßen und sich selbst als Ewiggestrigen zu diskreditieren.

Der erfolgreiche ARD-Quizmaster Jörg Pilawa lässt sich als Bibelleser ablichten und erklärt, er sei katholisch, bete jeden Abend gemeinsam mit seinen Kindern. Ähnlich äußern sich Kollegen vom ZDF, etwa die „heute“-Moderatoren Steffen Seibert und Caroline Hamann, beides bekennende Katholiken.

Die Ost-Berliner „Volksbühne" stellte ihre Aufführungen Mitte der neunziger Jahre unter das Motto „Ohne Glauben leben", zehn Jahre später nennt Intendant Frank Castorf Religiosität einen Anker – „Nur mit Zynismus zerbricht alles" –, und das Motto heißt „Wie im Himmel so auf Erden". Der Vorstandschef von Porsche hätte, die eigene Klientel im Blick, wohl auch vor zehn Jahren die „Geiz ist geil"-Kampagne einer Einzelhandelskette für Unterhaltungselektronik kritisiert. Doch die nachgeschobene Begründung hätte damals anders gelautet als anno 2005: „Geiz ist eine Todsünde."

Stehen wir also doch vor einer historischen Trendumkehr? Wird Europa, wird Deutschland wieder gläubig? Möglich wäre es, doch welche Art von Glauben da heranwächst, ist unabsehbar. Zwischen einer Art Zivilreligion, einem engagierten Christentum der kleinen Kreise und dem Erstarken fundamentalistischer Kräfte scheint alles möglich. Auch die Revitalisierung kirchlich gebundenen Glaubens, die Option Benedikt, könnte gelingen. Als Fakt hat einstweilen zu gelten, dass sich nach den Worten des Grazer Theologen Rainer Bucher „die Kirche des Westens in revolutionär neuen Gegenden" befindet. Eine grundlegende Umgestaltung wird allein deshalb stattfinden (und findet schon statt), weil die berühmten Sachzwänge keine andere Wahl lassen. Im Jahr 2004 sank das Kirchensteueraufkommen der katholischen Kirche in Deutschland um weitere 7,6 Prozent auf knapp 4,3 Milliarden Euro. Weniger war es noch nie seit Einführung der Statistik 1968.

Das interne Datenmaterial für das Jahr 2003 fasst die fortgesetzte Entkirchlichung der Deutschen in dürre Tabellen. Die Zahl der Katholiken fiel demnach seit 1990 um insgesamt 2,1 Millionen oder 7,4 Prozent. Der kontinuierliche Abwärtstrend begann 1974. Allein 2003 sind 130 000 Menschen aus der Kirche ausgetreten. Kein Trost ist es, dass die Auszehrung der protestantischen Kirchen noch etwas rascher vonstatten ging.

Die Zahl der Taufen in katholischen Gemeinden fiel auf den niedrigsten Stand seit 1960; sie lag 2003 um 31 Prozent unter dem Stand von 1990 und um dreieinhalb Prozent unter dem Stand von 2002. Noch stärker erodierten die Eheschließungen nach katholischem Ritus. Ihre Zahl ging von 1990 bis 2003 um 56 Prozent zurück, hat sich also mehr als halbiert. Pro Jahr und Gemeinde finden gerade noch vier kirchliche Trauungen statt – eine erschütternd geringe Quote, gehören doch jeder Pfarrei durchschnittlich 2000 Personen an. Parallel fällt die Zahl der Priester ins Bodenlose. 2003 gab es 130 Neuweihen, doch 685 Männer schieden aus dem priesterlichen Dienst aus. Dieser Trend, so die Deutsche Bischofskonferenz, „wird sich weiter fortsetzen und zeitweise beschleunigen. Gegenüber der bisherigen Seelsorgestruktur hat diese Entwicklung gravierende Veränderungen zur Folge.“

Gravierend nennt man Ereignisse, die so schwer wiegen, dass sie den, der keinen neuen Halt sich sucht, zum Umsturz bringen. Den Kampf wider die strukturelle Schwerkraft haben die Bistümer längst aufgenommen, und dass sie es dabei sich und anderen leicht gemacht hätten, kann man schwerlich behaupten. In der Diözese Rottenburg-Stuttgart hat man „Pastorale Prioritäten“ definiert unter dem Motto „Wir geben unserer Hoffnung ein Gesicht“, in Magdeburg mündete das „Pastorale Zukunftsgespräch“ in das Leitbild „Der Hoffnung Raum geben“, das Kölner Bistum verspricht „Zukunft heute“, Freiburg wagt den „Aufbruch im Umbruch“, einzig Fulda schert begrifflich aus der Reihe. Der dortige „Pastorale Prozess“ klingt so bürokratisch-übergenau, dass man förmlich den Aktenstaub herausriecht, aus dem er entstanden ist: „Um der Menschen willen gemeinsam auf der Suche nach Gott“. Benedikt XVI. würde hier möglicherweise anmerken, dass der Hauptdarsteller als Allerletzter genannt wird.

Der Kölner Kardinal Joachim Meisner hofft auf einen „Ruck

nach vorne". Durch das Strukturprogramm, das ein Einsparvolumen von jährlich 90 Millionen Euro oder 20 Prozent des Haushalts vorsieht, wolle man „Profil wahren und Niveau gewinnen". Dass Kündigungen damit als Maßnahmen zur Anhebung des Niveaus bezeichnet wären, würde Meisner zu Recht bestreiten. Der Freiburger Erzbischof Robert Zollitsch empfahl unterdessen am 1. Oktober 2003 in einer Rede vor der Dekanekonferenz seiner Herde mehr „unternehmerischen Eros" beim „Aufbau des Reiches Gottes". Die Berater von McKinsey, die mancherorts die Bistumsbücher durchleuchtet haben, werden mit Wohlgefallen hören, wie allgegenwärtig ihr Sprach- und Denkstil ist.

Geräuschvoll geschieht der Umbau in Fulda. Das „Pastoralverbundsgesetz", mit dem mehrere Pfarreien zu Personalverbünden mit „in der Regel drei Priestern" zusammengefasst werden sollen, ist heftig umstritten. Bischof Heinz-Josef Algermissen wünscht sich eine „zeitgemäße und ursprungsgetreue Verkündigung" und muss sich doch von einigen Priestern vorhalten lassen, er wolle sie zu fahrenden Scholaren degradieren. Grund ihrer Erregung ist die Vorgabe, pro Pastoralverbund solle ein Pfarrer als Leiter eingesetzt werden, dem dann die anderen Priester „als Seelsorger in einzelnen Pfarreien des Verbundes" untergeordnet wären. Im Dekanat Geisa kam es zu dem bizarren Schauspiel, dass nach einem Schlagabtausch in der Lokalpresse eine „Erklärung der Priesterschaft des Dekanats Geisa" vorgetragen wurde, um die Einheit mit dem Bischof zu bekräftigen. Wenig später, ebenfalls im Gottesdienst, konterten sechs Priester mit dem Hinweis, in ihrem Namen habe das Dekanat diese Erklärung nicht abgegeben. Sie blieben bei ihrer Kritik am Personalverbundsgesetz und sähen die Einheit dennoch gewahrt.

Die Provinzposse ist eine durchaus typische Nebenfolge struktureller Verwerfungen. Die Frage nach der administrativen Neuausrichtung eskaliert zum Grundsatzstreit. Dabei sind Seelsorgeeinheiten oft die einzige Chance, damit wenigstens ab und zu ein Pfarrer vorbeischaut. Mit dem „Projekt 2020" etwa will das Bistum Trier 922 Pfarreien in 180 pastorale Einheiten umwidmen. Auch die flankierenden Maßnahmen ähneln sich. Pfarrzentren, Jugendheime, Büchereien müssen geschlossen, Kindergärten abgegeben werden. Das Bistum Essen wird bis 2008 von seinen bisher 355 Kirchen 122 verkaufen oder abreißen, mehr als ein Drittel. Massiv geändert hat sich schon heute der Alltag an der Basis. Ein Pfarrer des Jahres 2005 schreibt:

„Mit zwei Pfarrern, Diakonen, einer Ordensschwester als Gemeindereferentin und einem Pastoralassistenten sind wir für mehr als 11 000 Katholiken in unserem Pfarrverband verantwortlich. Für uns beiden Pfarrer heißt das: vier Kirchengemeinden leiten, zu denen drei Kindergärten, ein Altenheim, eine Altentagesstätte, Grundstücke, Miethäuser, Dienstwohnungen, Pfarrheime und zwei Friedhöfe gehören. Im Pfarrverband liegen dreizehn Schulen. Manchmal wird es schwierig, noch einen abendlichen Termin für ein Tauf- oder Ehevorbereitungsgespräch zu finden: die Sitzungen der Kirchenvorstände, des Pfarrgemeinderats und des Pfarrgemeinderats-Vorstands, der Pfarrverbandskonferenz und der Pfarrverbandsvorstandskonferenz, die Trägerleiterkonferenz der Kindergärten, Mitarbeiterbesprechungen, die Pfarrbrief-Redaktionssitzung. Ich freue mich schon auf den Sommer, weil dann mit dem Kirchengemeindeverband als Rechtsträger der Kooperation im Pfarrverband ein weiteres Gremium installiert wird."

Kaum weniger anstrengend, doch mit völlig anderen Schwerpunkten ging es in der versunkenen Welt nach dem Zweiten Weltkrieg zu. Ein ehemaliger Kaplan erinnert sich an die Jahre 1951/52:

„Ich hatte 16 Religionsstunden in fünf verschiedenen Klassen zu halten. Jeden Sonntag musste ich wenigstens zweimal zelebrieren und zwei verschiedene Predigten halten; jeden Morgen saß ich von 6 bis 7 Uhr im Beichtstuhl, am Samstagnachmittag vier Stunden. Jede Woche waren mehrere Beerdigungen in den verschiedenen Friedhöfen der Stadt zu halten. Die ganze Jugendarbeit lag auf meinen Schultern, und dazu kamen die außergewöhnlichen Verpflichtungen wie Taufen, Hochzeiten usw." Vor diesem Hintergrund betritt die Kirche des 21. Jahrhunderts tatsächlich revolutionär neue Gegenden. Notgedrungen macht sie ähnliche Erfahrungen wie der Staat: Wer sich strukturell „verschlanken" muss, der schafft zunächst einmal neue Apparate, neue Strukturen, wird schwerfälliger statt leichter. Der ehemalige Kaplan, Joseph Ratzinger mit Namen, hätte sich kaum träumen lassen, dass Kommissionssitzungen und Gremientreffen mehr von der Zeit eines Priesters und Seelsorgers verschlingen als Ohrenbeichte und Religionsunterricht. Als Benedikt XVI. spricht er darum, wie wir gesehen haben, den Priestern eindringlich Mut zu. Sie sollen sich vom pfingstlichen Geist, vom Geist der Vergebung und der Liebe neu entzünden lassen.

Ob dieses auch in Köln, Freiburg, Fulda, Trier beschworene Ziel sich aber als erwünschte Nebenfolge diözesaner Kürzungskonzepte einstellen wird? Wo endet der Realismus, wo hat die Tollkühnheit Methode? Gerne wünscht man dem Bistum Magdeburg Erfolg bei dem Versuch, „einladend, offen und dialogbereit in die Zukunft zu gehen". Doch werden mehr als momentan fünf Prozent der Bevölkerung im Bistumsgebiet die Kirche für sich entdecken, wenn sie, die Umworbenen, erfahren, dass Magdeburgs Katholiken das „gemeinsame Priestertum aller Getauften", den „geschwisterlichen Umgang zwischen Frauen und Männern" und die „liturgische Vielfalt" durch niedrigschwellige Einsteigerangebote fördern wollen?

Zyniker werden einwenden, dass sämtliche Reformversuche am Ergebnis nichts ändern können – spannend sei einzig die Frage, ob die Gemeinden an ihrer eigenen Überalterung zugrunde gehen oder ob sie zugrunde gehen, weil die Priester aussterben. Die Frage wäre demnach, ob eher die Gemeinden oder eher die Pfarrer aussterben. Schon vor seiner Wahl zum Papst, etwa am 13. Mai 2004 in seinem Vortrag im italienischen Senat über „Europas Identität", ließ Joseph Ratzinger keinen Zweifel an den Gefährdungen des, wie er es nannte, „Restchristentums": „Die Flucht vor dem einen Gott und seinem Anspruch wird anhalten. Und die Skepsis wird anhalten."

Wer zu den innerkirchlich Engagierten zählt und dem Zynismus keinen Raum geben will, ist bereit, die Strukturen prinzipiell in Frage zu stellen. Der Religionssoziologe Michael N. Ebertz will seine „Anstöße für ein zukunftsfähiges Christentum" im Rahmen des Freiburger Reformprozesses „Aufbruch im Umbruch" geltend machen. Ebertz scheut nicht die Mühen der diskursiven Tiefebene, damit der „relativ kontinuierlich ablaufende Integrationsschwund der kirchlich verfassten Religion" gestoppt werde. Er regt an, künftig auch Männer ohne theologisches Vollstudium zum Priesteramt zuzulassen. Die Gemeindekirche sei ans Ende gelangt, auf die „City-Pastoral" setzt er seine Hoffnungen. Wo das Leben wogt und tobt, in den Innenstädten und Fußgängerzonen, müsse die Kirche Präsenz zeigen. Scharf kritisiert er das fehlende Bewusstsein, dass die Religionen und auch die Gemeinden untereinander im Wettbewerb stehen. Von „geistlichen Beamten", wie es sie in Deutschland dank des Staatskirchenrechts gibt, sei kein Engagement zu erwarten für stärker besuchte Gottesdienste. Die Entkirchlichung sei folglich ein Angebots-, kein Nachfrageproblem.

Ebertz legt den Finger in eine Wunde, die Benedikt XVI. ebenso schmerzt: den Trend zur exklusiven, für jede Gemeinde handgemachten Liturgie. „Die durchschnittlichen Kirchengemeinden sind von ästhetischen Milieus besetzt, womit sie sozial schließend und ausschließend wirken. Vermutlich ungewollt, wenn auch faktisch versperren sie anderen Geschmacksgruppen den Zugang." Frau K., die seit 15 Jahren den Sachausschuss Liturgie leitet, weiß eben, was zu tun ist, um von Herrn L., dem altgedienten Leiter der Arbeitsgruppe „Eine Welt", und von Frau W. und dem ökumenischen Forum ein Lob zu bekommen. „Sozial innenorientierte Kommunikation" auch hier: Der harte Kern beschäftigt sich, je kleiner er wird, desto hartnäckiger mit sich selbst. Die heillose Überregulierung, wie sie aus den oben zitierten Worten eines Pfarrers spricht, tut ihr Übrigens, um das Bestehende zu zementieren. So sehen Abschiedsriten aus.

Die Basisgruppen und das Zentralkomitee

Vielleicht bedarf es also radikaler Lösungen, darf kein Stein mehr auf dem anderen bleiben? Das Bild der verfassten Christenheit wäre unvollständig ohne die so genannten Basisbewegungen „Wir sind Kirche" und „Initiative Kirche von unten". Erstere ging aus dem „Kirchenvolks-Begehren" hervor, das 1995 in Österreich, Südtirol, Deutschland und der Schweiz von insgesamt rund zweieinhalb Millionen Menschen unterzeichnet wurde, auch von katholischen Politikern wie Christa Nickels (Bündnis 90/Die Grünen) und dem späteren Bundestagspräsidenten Wolfgang Thierse (SPD) und von vielen katholischen Theologen. Hans Küng nannte die zentralen fünf Forderungen „durchaus realistische Ziele".

Unmittelbarer Auslöser der Aktion war die „Causa Groër". Der damalige Wiener Kardinal Hans Hermann Groër stand im Verdacht, sich Mitte der siebziger Jahre am Knabenseminar Hollabrunn an einem Zögling vergangen zu haben. Auch die Berufung des streng konservativen Wiener Weihbischofs Kurt Krenn zum Bischof von St. Pölten sorgte für Unruhe. Die fünf Forderungen lauteten: „Aufbau einer geschwisterlichen Kirche", zu der besonders die Wahl des Bischofs durch die Ortskirche gehöre, „volle Gleichberechtigung der Frauen" einschließlich des Zugangs zum Priesteramt, Aufhebung des Pflichtzölibats, „positive Bewertung der Sexualität" und schließlich der Klassiker unter den kirchenkritischen Slogans, „Frohbotschaft statt Drohbotschaft".

Die Begrifflichkeit erinnert durchaus an die Leitanträge des Katholikentages von 1968. Und der erste Satz in seiner österreichischen Variante verströmt den Charme tiefenpsychologischer Arbeit am Selbst: „Wir leiden darunter, dass der Zugang zur eigentlichen Botschaft Jesu Christi durch manche Gegebenheiten in der gegenwärtigen katholischen Kirche für viele Menschen erschwert wird. Eine Krise kann den Keim zum Untergang, aber auch die Chance zu einem zukunftsweisenden Neubeginn erhalten." Aufbruch oder Untergang, Krise oder Christus: Die Freude am polaren Denken verbindet die Basisbewegten mit ihrem schärfsten Kritiker, Joseph Kardinal Ratzinger.

In zwei Briefen an die österreichischen Bischöfe warnte Ratzinger 1997 davor, dieser „Initiative, die von der katholischen Kirche nicht als legitim anerkannt ist", die Teilnahme an der Grazer „Ökumenischen Versammlung" zu gestatten. Generell sei Sorge zu tragen, dass sich „die Gläubigen – und besonders die Priester – nicht aktiv" an den Aktionen von „Wir sind Kirche" beteiligen. Deren Programme gingen „weit über berechtigte Anliegen hinaus" und trügen so „zu einer Spaltung zwischen dem Volk Gottes und der kirchlichen Leitung bei". Grundlage sei nämlich ein „unannehmbares demokratisches Kirchenmodell sowie eine Auffassung der Moral, die in manchen Punkten der katholischen Lehre direkt entgegensteht". Ratzinger sieht den Bestand der Kirche gefährdet, sofern sie sich einem weltanschaulichen Verein mit demokratischen Prozeduren annähert. „Wir sind Kirche" rekurriert denn auch auf Umfragewerte, aus denen sich eine Majorität im „Kirchenvolk" für einschneidende Reformen ergebe. Für Ratzinger können Mehrheitsverhältnisse allein niemals eine Abkehr vom Dogma nach sich ziehen; Mehrheiten kommen, Mehrheiten gehen, die Kirche besteht.

Schon 1996 hinterfragte der Kurienkardinal bissig die Losung von der „geschwisterlichen Kirche", wie sie auch im zitierten Magdeburger „Leitbild" eine zentrale Rolle einnimmt: Beim Kirchenvolks-Begehren handele es sich „wohl um etwas sehr Deutsches. In Italien würde kein Mensch die Alternative zwischen Drohbotschaft und Frohbotschaft verstehen, denn dass uns das Evangelium durchaus auch mit dem Gericht drohen muss, um unserer Schwachheit aufzuhelfen, ist jedermann einsichtig. Auch die verschwommene Formel von der geschwisterlichen Kirche wird hier niemandem etwas sagen. Man weiß zu gut, dass Geschwister nicht immer ein Vorbild für das friedliche Miteinander darstellen. Das erste Geschwisterpaar der Weltgeschichte ist nach der Bibel Kain und Abel, und der eine hat den anderen erschlagen."

Die Deutschen, die starrköpfigen Nachfahren Luthers, sind es also wieder einmal, die den katholischen, den weltumspannenden Glauben, den Rom zu bündeln sucht, nicht begreifen. Auch in den beiden Briefen an die österreichischen Bischöfe war Ratzinger der Hinweis wichtig, die mittlerweile internationale Kirchenvolksbewegung komme aus dem deutschen Sprachraum, sei in den deutschsprachigen Ländern entstanden. Er verkniff sich indes den Hinweis, dass ebendort, wo die Liberalisierung des Katholizismus weit fortgeschritten, wo Forderung Nummer eins weitgehend verwirklicht worden ist, in der Schweiz, andere Probleme aufgetaucht sind. Der Wunschkandidat des Kirchenvolks, der Basler Bischof Hansjörg Vogel, trat 1995 ein halbes Jahr nach seiner Wahl zurück, weil er Vater geworden war.

Das Kirchenvolks-Begehren stieß auf Widerspruch, und

Ratzinger wurde der Kronzeuge. Andreas Laun, Weihbischof in Salzburg, berief sich in seiner Gegenrede unter dem Titel „Kirche Jesu oder Kirche der Basis?" ausdrücklich auf den Kardinal. Dieser hatte die „verzweifelten Versuche" gegeißelt, die Kirche zu einem „Raum der Entschränkung unserer Grenzen zu machen, zum Experiment von Utopia, das es doch irgendwo geben muss". Laun hätte hinzufügen können: Weil Ratzinger Bonaventura kennt und schätzt, teilt er dessen Aversion gegen jede Form innerweltlicher Utopie.

Den Hoffnungen von „Wir sind Kirche" auf eine „wirkliche Mahlgemeinschaft" und auf die Predigt von „Laiinnen und Laien", die übrigens in weiten Teilen der Schweiz praktiziert und von den Bischöfen geduldet wird, begegnet Ratzinger mit dem bekannten Gegensatzpaar von Menschenwerk und Gottesdienst, von Erdenschmutz und himmlischer Reinheit. Reform bestehe nicht darin, „dass wir ,unsere' Kirche immer neu zurechtmodeln, sie selbst erfinden, sondern darin, dass wir immer wieder unsere eigenen Hilfskonstruktionen wegräumen zugunsten des reinen Lichts, das von oben kommt. Nicht eine menschlichere Kirche brauchen wir, sondern eine göttlichere." Laun hätte hinzufügen können: Weil Ratzinger in der Tradition der antirevolutionären politischen Romantik steht, sieht er hinter dem massiven Eingriff in bestehende Ordnungssysteme die Bereitschaft zum Frevel. Wie schrieb Novalis? „O! dass ihr abließet von diesem thörichten Bestreben, die Geschichte und die Menschheit zu modeln und eure Richtung ihr zu geben."

Auch in den folgenden Jahren war der Schlagabtausch zwischen „Wir sind Kirche" und Rom eine verlässliche Größe. Fast jedes Wort, das den Vatikan verließ, löste bei der Kirchenvolksbewegung Entsetzen aus. Die „Laieninstruktion" von 1998 – ein Anschlag auf die Ortskirchen; „Dominus Jesus" von 2000 – eine Gefahr für den Religionsfrieden; die Liturgieinstruktion von 2004 – ein misstrauisches Machwerk zur „Vergesetzlichung des Glaubenslebens"; das Schreiben „Über die Zusammenarbeit von Mann und Frau in der Kirche und in der Welt", ebenfalls von 2004 – peinlich, widersinnig, „simpler Biologismus" ohne „zeitgemäße Exegese", schablonenhafte Zerrbilder, die absolute Dialogunfähigkeit, während doch ein Mea culpa angebracht wäre „gegenüber den Frauen, da die Kirche in ihrer 2000-jährigen Geschichte selbst erheblich dazu beigetragen hat, die Rolle der Frau als abhängig vom Mann oder gar als ihm unterworfen zu definieren".

Wenngleich Ratzinger in einem dritten Brief Richtung Österreich seine Kritik abschwächte, bleiben „Wir sind Kirche" und Episkopat bis heute einander herzlich abgeneigt. Auf dem Ulmer Katholikentag im Juni 2004 stellte man „Pastoralmodelle ohne Tabus" vor und lud zum „priesterlosen Gottesdienst mit Mahlfeier" – gemeint war indes kein Imbiss mit Gesang und Bibelvers, sondern ein Derivat der Heiligen Messe ohne Weihepersonal. Im Frühjahr 2005 entzog der Regensburger Bischof Gerhard Ludwig Müller dem örtlichen „Wir sind Kirche"-Vorsitzenden die Erlaubnis, Religionsunterricht zu erteilen. Fast zur selben Zeit verbot der Salzburger Erzbischof Alois Kothgasser der österreichischen Gruppe, ihren „Herdenbrief" in der Dombuchhandlung vorzustellen. „Es ist nicht jede Erleichterung in der Kirche eine Reform", erklärte Kothgasser. Die Treue zum Papst sei für alle Katholiken absolut konstitutiv.

Älter, aber in der Öffentlichkeit weniger stark präsent ist die in Bonn beheimatete „Initiative Kirche von unten", ein „ökumenisches Netzwerk", dessen Ziele sich weitgehend mit den fünf Forderungen von „Wir sind Kirche" decken. Das Netzwerk reagierte auf die Wahl Ratzingers mit den deutschlandweit schärfsten Worten. Nach diesem „Signal des Rückschritts" sitze nun ein „Mann der Vergangenheit" auf dem Stuhl Petri. Damit sei „eine absolute Verschärfung der Situation" eingetreten, endgültig hätten sich „die Kardinäle auf Ratzingers fundamentalistische Version des römischen Katholizismus festgelegt; das ist eine Katastrophe".

Katastrophal ist auch ein rabiates verbales Aufrüsten, das zu eschatologischen Begriffen greift, um den neuen Pontifex die Eignung komplett abzusprechen. Erinnert sei an das Wort Johann Baptist Metz', des theologischen Antipoden der siebziger und achtziger Jahre. Metz erklärte auf die Frage, ob Benedikt XVI. ein Fundamentalist sei: „Nein, denn Fundamentalisten reflektieren ihre Überzeugungen nicht."

Für die „Initiative Kirche von unten" lieferte Hermann Häring eine routinierte Absage an Ratzingers „kompromisslose Kampftheologie", forderte die „Heilung der zahllosen Verletzungen", die der Glaubenspräfekt zu verantworten habe, attestierte diesem zugleich „spirituelle Ausstrahlung und gewinnende Rhetorik". Härings Ceterum censeo lautet: „Will man Gelehrten und KritikerInnen weiterhin den Marsch blasen? Das wäre nicht in Ordnung." Keinen Marsch, sondern ein beschwingtes Lied jenseits der therapeutischen Ordnung Häringscher Herkunft stimmte das „Netzwerk katholischer Lesben" an, das sich der „Initiative Kirche von unten" ebenfalls verbunden weiß. Die Frauen gratulierten ohne Häme und wünschten dem Papst mehr Verständnis dafür, dass „wir es wagen, Frauenliebe und Glauben gemeinsam zu leben".

Hier reden zwei weltanschaulich getrennte Lager aneinander vorbei. Die römische Sorge um das theologische Fundament des Katholizismus prallt auf mitteleuropäisches Unverständnis, das seinerseits der getreue Ausdruck ist einer latent religionskritischen Moderne, die in diesen Formen eben keine globale und vermutlich nicht einmal die global dominierende Erfahrung ist. Und aus deutschen bzw. deutschsprachigen Landen stammen die Protagonisten dieser „Verschärfung".

Abzulesen ist diese Sonderstellung an den Erklärungen der 1996 begründeten internationalen „Wir sind Kirche"-Bewegung. Die Sprecherin für Uruguay und Venezuela, Gladys Parentelli, sprach von der Hoffnung, Benedikt werde dazu beitragen, „alle Beziehungen der Ungleichheit und der Gewalt in Gesellschaft und Kirche zu überwinden". Die Pressestelle von „We are church" gab bekannt, man bete für Benedikt, damit er ein „Instrument der Brüderlichkeit und Einheit" werde für die Kirche und für alle Menschen guten Willens. Christian Weisner, Mitinitiator des deutschen Kirchenvolks-Begehrens, verkündete hingegen im ersten Satz seiner Stellungnahme, die Wahl Ratzingers „wird Streit und heftige Debatten provozieren und von vielen Menschen inner- und außerhalb der Kirche als potentiell spalterisch angesehen." Am „defizitären Frauen- und Männerbild" des Kardinals werde sich nichts ändern. Ratzingers Verdacht, „Wir sind Kirche" sei schismatisch, wird somit an ihn retourniert. Rom selbst bedrohe die Einheit der Katholiken.

Zwischen den „Basisbewegungen" und der Deutschen Bischofskonferenz unter ihrem Vorsitzenden Karl Kardinal Lehmann hat das Zentralkomitee der deutschen Katholiken seinen Platz gefunden. Es ist laut den Worten seines Präsidenten Hans Joachim Meyer ein „dialogisches Forum, das die Mehrheit der Katholiken in Deutschland in angemessener Weise repräsentiert". In seiner jetzigen Form wurde es 1952 gegründet, um an die Stelle der katholischen Zentrumspartei ein außerparlamentarisches Äquivalent zu setzen. Vorläuferorganisation waren die „Piusvereine für religiöse Freiheit", die 1848 in Mainz erstmals den – nunmehr vom Zentralkomitee getragenen – Katholikentag veranstalteten.

Auch das Verhältnis von ZdK und Rom ist eine Geschichte des wechselseitigen Widerstands und des Misstrauens. Süffisant rechnete Ratzinger den Siegeszug des Zentralkomitees den Fehlinterpretationen des Zweiten Vatikanums zu. „Soweit ich sehen kann, hat sich der antiklerikale Akzent, die Stimmung, dass sich die Laien ihre Rechte in der Kirche erst sichern müssten, erst nach dem Zweiten Vatikanischen Konzil herausgebildet. Dieser Akzent beruht auf einer verfehlten Grundlage. Sie geht davon aus, dass zwei Stände da sind, die miteinander ausmachten, was Kirche ist. Dass zum einen die Laien ihre Vertretungen bilden – die dann ins Zentralkomitee der deutschen Katholiken hinaufmünden – und gewissermaßen für die Laienkirche sprechen. Und dass auf der anderen Seite dann die Kleriker ihre Gremien bilden; was ein kompletter Unsinn ist." Auf beiden Seiten, im Zentralkomitee und in der Bischofskonferenz, erhebt folglich derselbe Feind sein schändliches Haupt: der „macherische Geist".

In zwei Dokumenten aus dem Jahr 1990 bündelt sich das Selbstverständnis des Zentralkomitees, das im Petersdom wie eine mildere Form des Furor teutonicus anmuten muss. Die „Berliner Erklärung" zur Wiedervereinigung zieht aus der „Geschichte unseres Jahrhunderts" den Schluss, „Freiheit, Gerechtigkeit und Solidarität können nur dort wachsen, wo Menschenwürde und Menschenrecht Maß und Ziel der Politik bestimmen." Nichts Falsches ist an diesem Satz. Der römische Kardinal und ehemalige Flak-Helfer aus Marktl setzte jedoch 2004 in seinem Rückblick auf Nationalsozialismus, Stalinismus, DDR einen anderen Schwerpunkt: „Eine Gesellschaft, wo Gott absolut abwesend ist, zerstört sich selbst. Das haben wir in den großen totalitären Experimenten des letzten Jahrhunderts gesehen." Immer ist es die Gottesfrage, aus der Ratzinger die Frage nach Mensch und Gesellschaft ableitet. Oft umgekehrt, so der Eindruck, stellt sich der Fall beim Zentralkomitee dar.

1990 präsentierte sich das ZdK mit der Broschüre „Funktion Salz". Der Titel lässt ein Kochbuch oder eine Geschirrspülmaschinenanweisung vermuten. Dahinter verbirgt sich das Bekenntnis, es sei „angesichts des gesellschaftlichen Pluralismus schwieriger geworden, eindeutige und zugleich sachgerechte Positionen zu formulieren". Nicht vergessen dürfe man aber, dass

„die Geschichte der Christenheit auch die Geschichte von Freiheit und Befreiung" sei. Sprechen so Gläubige mit dem dringend benötigten Mut zur Reflexion, Mut zur Offenheit oder Christen mit eingezogenen Schultern, geduckten Köpfen und vorauseilender Selbstanklage? Das „Salz der Erde", das zu sein Ratzinger von den Christen immer wieder einforderte, ist vermutlich eher eine Leidenschaft als eine Funktion.

Die weitere, je nach Standpunkt in Rom oder Bonn verschuldete Chronique scandaleuse dauert an bis heute. 1994, ein Jahr vor dem Kirchenvolks-Begehren, forderte das ZdK die Aufhebung des Pflichtzölibats, um der Würde der Frau besser gerecht zu werden, und die Weihe verheirateter Männer. Hierdurch könnte man den Priestermangel „wesentlich mildern". Schon als Bischof von München und Freising hatte Ratzinger das quantitative Argument abgelehnt. Kein Unglück sei es, sich wie in früheren Zeiten dorthin aufzumachen, wo ein Priester zelebriere. Das „Beieinanderbleiben der Gemeinde", dieses „soziologische Element", dürfe nicht wichtiger werden als die „sakramentale Begegnung mit dem Herrn in der Eucharistie".

Zum dreißigsten Jahrestag des Konzilsdokuments „Gaudium et Spes", 1996, mahnte das ZdK weitere Schritte an „hin zur Kultur der Gegenwart". Deshalb brauche man „Sachkunde, Aufmerksamkeit, Mut und Kreativität". Notabene dürfte das Komitee nicht an ein Grundschulfach, die Sachkunde, sondern an Sachkenntnis gedacht haben. Der Lapsus gibt jedoch einen Hinweis auf den pädogogischen Grundgestus dieser und vieler anderer Erklärungen des ZdK – wie auch der Bischofskonferenz. Mit dem Zeigefinger werden die meisten „Verlautbarungen" des deutschen Gremienkatholizismus geschrieben.

Die „Kirche der Zukunft", die das ZdK im November 2000 skizzierte, sollte sich besonders um eine Spezies bemühen, der es bisher an einem klaren Namen mangelte. Dieser ward nun gefunden: die „Nichtgottesdienstteilnehmerinnen und -teilnehmer". Wie denn ein solcher „Nichtgottesdienst" aussähe, war dem Papier leider nicht zu entnehmen. Dafür ließ der allererste Satz keine Fragen offen.

„Kirchengemeinden leben heute in großer geographisch, soziokulturell und geschichtlich begründeter Vielfalt überall dort, wo Christen und Christinnen sich zu ihrem Glauben bekennen, ihn leben und sich so als Kirche verstehen, sich regelmäßig zur Feier der Eucharistie versammeln, das Wort Gottes hören und miteinander teilen und sich bemühen, es im konkreten Alltag im Einsatz für Frieden und Gerechtigkeit und für den Erhalt der Schöpfung wirksam werden zu lassen, also Gottes- und Nächstenliebe zu wecken und zu üben."

Will man wirklich ein Dokument lesen, das derart spröde beginnt? Im zähen Ringen entstand hier, Nebensatz für Nebensatz, ein typisches Konsenspapier. Letztlich dient es wohl der Selbstberuhigung, der gegenseitigen Bestätigung, die, nimmt man den Anspruch ernst, schnurstracks in die Überforderung führt. Und in die Betriebsblindheit, denn im selben Dokument geißelt das ZdK eine Kirchenleitung, die das „Lebensgefühl der Gemeindeglieder auch in der sprachlichen Gestalt von Verlautbarungen nicht ausreichend berücksichtigt". Welches Lebensgefühl aber findet in endlosen Schachtelsätzen wie dem oben angeführten seinen adäquaten Ausdruck?

Wiederum und wiederum handelt es sich also um sozial innenorientierte Kommunikation mit eingebauter Frustrationsgarantie. Womit sich der Kreis schließt zu „Wir sind Kirche", „Initiative Kirche von unten" und deren vermeintlich realistischen Zielen. Gut begründet mögen diese Ziele sein, ehrlich gemeint sind sie auch; realistisch sind sie keineswegs. Weder Benedikt noch irgendeiner seiner vielleicht zehn, vielleicht zwanzig Nachfolger wird das Frauenpriestertum einführen oder den Zölibat abschaffen. Eine solche Radikalreform wäre das Ende der katholischen Kirche, führte augenblicklich zu Abspaltungen, zum massenhaften Exodus gerade der am stärksten wachsenden Kirchen des Südens und ließe ein Streitpotential zurück, gegen das die heutigen Debatten Schalmeientöne sind und Sphärenklang. Dass die Bischofskonferenz ihrerseits nach dem rechten Wort oft vergebens sucht, ist ebenfalls wahr. Kaum anziehender geriet die Erklärung zur Wahl Benedikts. Hier konnte, wer es denn mochte, folgende Sätze genießen:

„Kardinal Ratzinger hat gewiss in der Weltkirche mit und unter dem Papst eine der sensibelsten Aufgaben erfüllt, nämlich mitten in allen geistigen, gesellschaftlichen und theologischen Wandlungen die Substanz des katholischen Glaubens unversehrt zu erhalten und dies in vielen Auseinandersetzungen auch zu bewähren. Es ist fast selbstverständlich, dass ihm bei dem gegenwärtigen Pluralismus der Meinungen – auch in der eigenen Kirche – nicht alle folgen konnten und wollten. Aber er hat überall – auch im Widerspruch – Respekt vor seiner theologischen Leistung und die Anerkennung seines nonkonformistischen Mutes im Dialog und in der Auseinandersetzung mit den zeitgenössischen Kräften erhalten."

Wer „gewiss" eine Aufgabe erfüllt, hat sie vielleicht nicht so ganz erfüllt. Wer Respekt und Anerkennung erhält, genießt Minderheitenschutz, wird aber nur fallweise wirklich ernst genommen. Eine weniger subtile Abgrenzungsstrategie spricht aus der Glückwunschadresse des ZdK. „Naturgemäß" freuten sich die deutschen Katholiken über einen Papst aus Deutschland; diese Wahl sei ein „Ausweis des universellen Charakters der Kirche". Im Klartext: Man freut sich, weil es sich so gehört, und im Übrigen belegt die nationale Herkunft des Papstes die Internationalität der Kirche.

Weder Bischofskonferenz noch Zentralkomitee haben die Machtworte aus Rom vergessen, besonders Ratzingers Interventionen gegen eine vermeintliche liturgische Dominanz der Laien, ihre Aufwertung zu einem „Ersatzklerus rein menschlichen Rechts" und gegen den Verbleib der Bistümer in der staatlichen Schwangerenkonfliktberatung. Auch seine prinzipiellen Zweifel an Sinn und Zweck des landesweit organisierten Katholizismus sind im Gedächtnis der Institutionen fest verwahrt. 1984 stellte er apodiktisch fest, die „nationale Ebene ist keine ekklesiologische Größe", 1995 fragte er rhetorisch, in Richtung des ZdK wie der Demokratie als solcher gewandt: „Ist das System von Mehrheit und Minderheit wirklich ein System der Freiheit?"

Schon der Theologieprofessor war ein Freund der Aphorismen, der Papst führt diese Kunst nun fort. „Wer glaubt, ist nie allein." „Die Welt wird durch die Geduld Gottes erlöst und durch die Ungeduld der Menschen verwüstet." Die meisten Repräsentanten des Christentums aber, ob mit oder ohne Weihe, reden nicht so, dass sie von vielen klar verstanden, sondern so, dass sie von niemandem und vor allem von niemandem aus dem inneren Kreis missverstanden werden. Die Relativierung der eigenen Position ist dieser bereits eingeschrieben. Auf die Frage nach den Grenzen des Menschen, so der ZdK-Präsident im Jahr 2003, gebe „nach meiner Überzeugung der christliche Glaube – mit der Erlösungstat Jesu Christi im Mittelpunkt – die für mich jedenfalls schlechthin überzeugende Antwort". Die deutlich knappere Benedikt-Variante desselben Sachverhaltes kennen wir bereits: „Christus ist der göttliche Segen für die Welt."

Zwei Aggregatzustände kennt das Gespräch zwischen römischer Kurie und deutscher Christenheit vor allem: das beleidigte Schweigen und das beleidigende Zetern. Tiefster Grund für diese Kommunikationskatastrophe ist ein Bild von Kirche, das letzten Endes nicht auf den einen gemeinsamen Nenner zu bringen ist. Die Kritiker stützen sich bei ihren Einwänden auf ein in politischen Fragen vielfach erprobtes Mittel, die Meinungsumfrage.

Tatsächlich gibt es in fast allen europäischen Staaten satte Mehrheiten für eine Abkehr vom Pflichtzölibat, für mehr innerkirchliche Demokratie und für die sonstigen Forderungen, die Ratzinger polemisch unter dem Stichwort „Schlagwortpastoral" zusammenfasste. Laut ZdK ist es, „um die Mehrheitsverhältnisse der Mitglieder der Kirche entsprechend zu gewichten, unabdingbar, gerade Frauen auch an zentralen Entscheidungen in den Pfarrgemeinden gerecht zu beteiligen". Von dieser Auffassung führt kein, wirklich kein einziger Weg zum kirchlichen Demokratiebegriff Kardinal Ratzingers. Katholisch bedeute, „dass die Kirche der ganzen Welt, allen Kulturen und Zeiten zugehört", bedeute also, „dass immer alle – auch die Gestorbenen – leben und die ganze Kirche sind, dass zu einer Mehrheit in der Kirche immer alle gehören".

Wer aber gibt den Toten, den Gläubigen der vergangenen Jahrhunderte eine Stimme? Die in Rom zentrierte, um den Papst versammelte Kirche tut es, indem sie die alten Schriften liest, die Traditionen schöpferisch weiterträgt und so immer auch stellvertretend für die Toten spricht. Einen ganz ähnlichen Schwerpunkt setzen übrigens die orthodoxen Kirchen, mit denen neu ins Gespräch zu kommen eines der Hauptanliegen Benedikts XVI. ist. Vor diesem Hintergrund ist das Resultat einer Meinungsumfrage auf Deutschlands Fußgängerzonen für die von Rom geordnete Glaubenslehre ebenso relevant wie für die Weltgeschichte der berühmte Sack Reis, der in China umfällt.

Joseph Ratzinger, der Kirchenkritiker

Um die ganz konkreten Auswirkungen dieses Idealbilds einer überzeitlichen Glaubensgemeinschaft zu verstehen, ist es nötig, wie der junge Ratzinger ein wenig Henri de Lubac zu lesen. Vielleicht noch dringender empfiehlt sich der Gang an den

Münchner Hauptbahnhof. Dort verkauft die Bayerische Oberlandbahn Fahrkarten nach Bad Tölz, und im schönen Bad Tölz
gingen dem Theologieprofessor Ratzinger Herz und Augen weit
auf. In Bad Tölz sah er eine kleine, schöpferische, dynamische
Kirche ganz nach seinem Geschmack.

Der französische Jesuit Henri de Lubac war von 1950 bis
1958 mit einem Lehrverbot belegt – ein Nonkonformist, der
ähnlich wie Ratzinger fest auf dem Boden der Patristik, der
Lehre der Kirchenväter, stand. Nach seinem im Frühjahr 1946
erschienenen Buch „Surnaturel", „Übernatürlich", wurde ihm
vorgeworfen, eine modernistische „Neue Theologie" begründen
zu wollen. Deren Kern, so die vatikanischen Kritiker, sei die Relativierung der göttlichen Gnade als eines unbedingt unverdienbaren Geschenks.

Nach seiner Rehabilitation berief Papst Johannes XXIII.
Henri de Lubac in die Theologische Kommission, die das Konzil vorbereitete. De Lubacs Mitarbeit sollte sich besonders in
der Pastoralkonstitution „Gaudium et spes" und deren Artikel
19 bis 22 über den Atheismus niederschlagen. Zwar wird der
Atheismus „eindeutig" verworfen, zugleich aber „bekennt die
Kirche aufrichtig, dass alle Menschen, Glaubende und Nicht-
glaubende, zum richtigen Aufbau der Welt, in der sie gemeinsam leben, zusammenarbeiten müssen. Deshalb beklagt sie die
Diskriminierung zwischen Glaubenden und Nichtglaubenden,
die gewisse Staatslenker in Nichtachtung der Grundrechte der
menschlichen Person ungerechterweise durchführen." Es gibt
also ein Menschenrecht auf Atheismus – vielleicht an keiner
Stelle öffnet sich das Konzil stärker zur unumkehrbar pluralistischen Welt. Auch die von Ratzinger mitvorbereitete Konstitution über die Offenbarung, „Dei Verbum", zeigt Spuren des Lu-
bacschen Denkens.

Der Theologe Rudolf Voderholzer, der mit einer Arbeit über
de Lubac promoviert wurde, benennt als dessen zentrale „Lei-

denschaft, die Wahrheit in ihrem Gang durch die Geschichte kennen zu lernen." Die Fokussierung auf die Wahrheitsfrage in ihren verschiedenen historischen Ausprägungen macht de Lubac zum entscheidenden Anreger des jungen Ratzinger. Dass man dem christlichen Gott in der Geschichte begegnen kann, dass die menschliche Geschichte trotz allen Unheils eine Heilsgeschichte ist, zählt auch zum Cantus firmus Benedikts XVI. „Die Ereignisse", sagt er in der Generalaudienz vom 11. Mai 2005, „sind kein Spiel des Zufalls. Dem Zwang irdischer Mächte zum Trotz bleibt der allmächtige Gott der Herr der Geschichte." Zudem beschäftigte sich Lubac intensiv mit Joachim von Fiore und verwarf die Lehre vom dritten Reich des Geistes und einer innerweltlichen Perfektion aus Menschenhand. Dasselbe tat bekanntlich Ratzinger in seiner Habilitationsschrift.

Ausdrücklich eine „Schlüssellektüre" aber nannte Ratzinger das Erstlingswerk Henri de Lubacs aus dem Jahre 1938, „Catholicisme". Die deutsche Erstausgabe von 1943, die der Theologiestudent dann im Herbst 1949 geschenkt bekam, trug den Titel „Katholizismus als Gemeinschaft". Übersetzt hatte das Werk der Schweizer Theologe Hans Urs von Balthasar. Viele Jahre später, 1972, sollten Ratzinger, de Lubac, von Balthasar und Karl Lehmann gemeinsam die Zeitschrift „Communio" aus der Taufe heben, das theologische Gegenstück zu „Concilium", die wiederum Hans Küng, Johann Baptist Metz und Karl Rahner acht Jahre zuvor mitbegründet hatten. Doch auch Ratzinger zählte zu den Gründungsvätern. Der 37-Jährige unterstützte somit den eher progressiven, der 45-Jährige den eher konservativen Flügel der Theologie. Er selbst behauptete, „nicht ich habe mich geändert, sondern die anderen". Diese hätten sich alsbald vom „echten Buchstaben und dem echten Geist des Konzils" distanziert.

Die Titel sind gleichwohl Antithesen in ihrer schönsten Form. Ist die Kirche nun, wie Ratzinger die von ihm überwundene Position interpretiert, „ihrem Wesen nach das beständige Konzil Gottes in der Welt, die ständige Ratsversammlung“? Besteht gar eine „Sinngleichheit“ zwischen den Begriffen Concilium und Ecclesia? Ratzinger wendet ein: „Die Kirche hält Konzile, sie *ist* Communio“, sie ist Lebens-, Glaubens- und Weggemeinschaft. Ein ökumenisch brisantes Dokument der Glaubenskongregation von 1992 behandelte „Einige Aspekte der Kirche als communio“. Ratzinger wollte damit, wie er im Brief an den bayerischen evangelischen Landesbischof Johannes Hanselmann schrieb, einmal mehr dartun, „dass die eine, heilige, katholische und apostolische Kirche ontologisch und temporal den einzelnen Kirchen vorausgeht und nicht eine nachträgliche empirische Zusammenführung vieler Kirchen“ sei. Womit denn auch ein Streitpunkt des so heftig umstrittenen Dokuments „Dominus Jesus“ aus dem Jahr 2000 benannt wäre.

„Katholizismus als Gemeinschaft“: so heißt die Realutopie des Joseph Ratzinger. Bei Henri de Lubac konnte er lesen, man dürfe „die sanfte Strenge des Evangeliums“ weder verschleiern noch „mit überflüssigem Ballast beschweren“. Ebendiesen zweigleisigen Versuch unternahm zwanzig Jahre später das Konzil. De Lubac sah im „unseligen Individualismus“ das Haupthindernis für die so nötige Erneuerung der Kirche. Diese Erneuerung könne nur durch die „Rückkehr zu den alten Quellen“ bewirkt werden, durch das Studium der Kirchenväter und die Hinwendung zu einer Lebensform, die den Glauben so ernst nimmt, wie es die ersten Christen getan haben. „Der Katholik“, wusste de Lubac und weiß Benedikt XVI., „ist nicht nur Objekt einer Macht, sondern Glied eines Leibes. Er muss an einem Leben teilnehmen, in eine Gesinnung eingehen.“ In erster Linie müsse er gemeinsam mit den anderen Gläubigen „im Schoß der Einheit“ Eucharistie feiern und die eucharistische Erfahrung dann im Alltag praktisch werden lassen. „Wer nicht vereinzelt bleiben will, muss bereit sein, sich zermalmen zu lassen." Diese gerade im 21. Jahrhundert aktuelle Erkenntnis könnte auch Nicht-Christen einen Weg weisen aus der zivilen Isolation, in die Sozialdruck und Pathospflicht das Individuum drängen. Theologisch gewendet, hieß es schon 1958 bei Ratzinger, der Christ sei „zum Hineinzerbrechen des bloß privaten Ich in die Einheit des Christus-Leibes gefordert".

Weil Kirche die Gemeinschaft derer ist, die sich um den Altar und um den laut katholischer Auffassung in Brot und Wein anwesenden Christus versammeln, kann es ein außerkirchliches Christentum für Ratzinger nicht geben. „Glaube ist seinem Wesen nach Mitglauben mit der Kirche", sagte 1984 der Präfekt der Glaubenskongregation, „die zum Gottesdienst versammelte Gemeinde ist Kirche im Vollsinn des Wortes", schrieb 1970 der Regensburger Professor. Dieselbe Überzeugung findet sich schon in der Habilitationsschrift und auch in der Dissertation von 1953 über den Kirchenbegriff des heiligen Augustinus. Dort erscheint ebenfalls das bei Augustinus vorherrschende, in Ratzingers Karfreitagsbetrachtung dann so wichtige, keineswegs unproblematische Gegensatzpaar Schmutz und Reinheit.

Glaube ist für Augustinus ein individueller Reinigungsprozess, um die „Schlacken der Sinnenwelt" abzustreifen. Aber auch die Kirche als Ganzes gehe auf mäandernden Wegen einer Reinheit entgegen, die allein Gott wird vollenden können. Daraus folgt: Kein Ort der reinen Reinheit, keine Gesellschaft der ganz Reinen ist die gegenwärtige Kirche. Sie ist, beschwichtigte der Kardinal 1998, „nicht einfach ganz und total verschmutzt", sie habe einen unzerstörbaren heiligen, reinen Kern. Er selbst bekannte im Jahr 2000, jeder, auch er, dürfe in der „Bemühung um Reinigung seines eigenen Wollens und Denkens" nicht nachlassen, jeder müsse „sein eigenes Fragen reinigen", und zwar auf demselben Wege, den die Kirche beschreite: durch gläubige, beharrliche Nachfolge Jesu, des „Maßstabs und der Richtung für die unerlässlichen Reinigungen", durch „viele

Rückschläge und Schwächen hindurch" sich reinigen lassen von ihm, „damit Religion nicht ein Unterdrückungs- und Entfremdungssystem, sondern ein Weg des Menschen zu Gott und sich selber werde".

Wieder fallen die Gottes- und die Menschenfrage in eins, wieder ist der Mensch ein aus Dreck und Lauterkeit gemischtes Wesen, das niemals seine Doppelgesichtigkeit wird abstreifen können und das genau aus diesem Grund der Erlösung bedarf. Die Schwäche des Menschen, ließe sich folgern, belegt die Notwendigkeit eines Gottes. Ganz ähnlich argumentierte übrigens der berühmteste Repräsentant der französischen politischen Romantik, der Dichter, Staatsmann, Katholik François-René de Chateaubriand, in seinem Opus magnum von 1802, „Der Geist des Christentums". Und wie Chateaubriand sind für Ratzinger die Heiligen ein Gottesbeweis, denn sie waren irdisch schon auf diesem Prozess der Reinigung, der ein Prozess der intensivierten Frömmigkeit ist, weit vorangekommen. Die Heiligen nennt er Garanten der christlichen Wahrheit.

Kardinal Ratzinger ist ein Kirchenkritiker ganz eigenen Zuschnitts. Wer im deutschen Sprachraum gemeinhin unter diesem Etikett gehandelt wird, bezieht seine Legitimation aus einer persönlichen Enttäuschung, einem, wie es im österreichischen Kirchenvolks-Begehren hieß, Leiden an der Kirche, genauer: einem Leiden an der römisch-katholischen Glaubenslehre. Der klassische Kirchenkritiker, die konventionelle Kirchenkritikerin hat sich ein ums andere Mal den Kopf blutig gestoßen an den Mauern der Dogmen, die Kardinal Ratzinger verwaltete. Dieser wiederum, im Innern der bestürmten Mauern, vergleicht den dogmatischen Glaubenskern mit dem gelebten Glauben und gerät darüber in ähnlich große Verzweiflung. Schon in dem 1958 gehaltenen Vortrag „Die neuen Heiden und die Kirche" stand für ihn fest: „Das Heidentum sitzt heute in der Kirche selbst."

Zwei zeittypische Hauptgefährdungen quittierte er immer wieder mit Kopfschütteln, und beide feiern, von vatikanischer Warte aus, besonders im deutschen Sprachraum fröhliche Urständ: die Umwandlung der Glaubensgemeinschaft in eine durchdemokratisierte Rätekirche und die Überinstitutionalisierung. Letzteres als ein für Wohlstandskirchen symptomatisches Phänomen träfe mutatis mutandis auch auf die nordamerikanische oder italienische Kirche zu. Doch wer je auf einem deutschen Professoren- oder Studentenstuhl saß oder in einer deutschen Behörde sich anschickte, einem Auskunftsbegehren Nachdruck zu verliehen, der weiß um die deutsche Vorliebe für Amt und Struktur.

In Zeiten zunehmender Entkirchlichung wächst, wie bereits dargelegt, die Tendenz, die wenigen Verbliebenen fest einzubinden. Aus Sorge, diesen Kern am Ende auch noch zu verlieren, bildet man Arbeitskeis um Arbeitskreis, votiert und delegiert und konferiert – ekklesiale Beschäftigungstherapie, von der manche Pfarrbriefe beredtes Zeugnis ablegen. Dasselbe Phänomen lässt sich auf der diözesanen und bischöflichen Ebene beobachten. Dergleichen wäre nun nichts weiter als eine skurrile, vielleicht liebenswerte Begleiterscheinung, wenn das Zentrum solcher Verrechtlichung der lebendige, Eingeweihte wie Fernstehende gleichermaßen anziehende Glaube wäre. Doch das Gegenteil ist der Fall. Strukturen, die florierenden Großunternehmen gut zu Gesicht stehen, treffen auf eine Form der Religionsausübung, die sich vielerorts knapp jenseits des Sektenwesens bewegt. Resultat: Die Engagierten werden von Jahr zu Jahr engagierter und frustrierter, die Fernstehenden stehen von Jahr zu Jahr ferner und ferner und ferner.

Auch diese Entwicklung mag Ratzinger im Sinn gehabt haben, als er 1996 die Volkskirchen davor warnte, unter dem „Druck ihrer eigenen Geschichte, ihrer institutionellen Macht" die „Fähigkeit zur Selbstbescheidung und Selbstbeschneidung"

einzubüßen, „gerade auch in Deutschland". Manches Kranken-
haus, manche Schule in kirchlicher Trägerschaft könne man
längst nicht mehr „mit kirchlichem Geist decken". Wo Kirche
drauf steht, soll auch Kirche drin sein, wer Christ sich nennt,
soll auch christlich leben: Dieses Credo durchzieht das ganze
Leben Ratzingers. Grundgelegt wurde es in den Jahren der nationalsozialistischen Herrschaft.

Mit eigenen Augen verfolgte der Theologiestudent in Wartestellung den Kampf um die Bewahrung der katholischen
Schulen – einen fragwürdigen Kampf, denn „die bloße institutio-
nelle Garantie nützt nichts, wenn nicht die Menschen da sind,
die sie aus innerer Überzeugung heraus tragen". Katholische Kindergärten mit nationalsozialistischem Personal wären widersinnig. Demgemäß erfüllen auch Kirchengebäude auf lange Sicht
nur dann ihren Zweck, wenn sie zur gottesdienstlichen Feier ge-
nutzt werden. Die Kirche wird es immer geben, aber nicht jede
Kirche wird bleiben. Prinzipiell wären demnach Abriss oder Um-
widmung kein Sakrileg. Es gibt eben sehr viele „alte, absterbende
Äste an der Kirche, die so langsam herabfallen".

Auch die stellenweise rabiate Skepsis angesichts einer in Ratzingers Augen falsch verstandenen Demokratisierung der Kirche ist eine Frucht deutscher Erfahrungen. 1968 erlebte er in
Tübingen hautnah die studentischen Tumulte. Seine Vorlesungen wurden gestört mit Trillerpfeifen und Sprechchören im Namen einer vermeintlichen Basisdemokratie. Dahinter aber, so
1970 in der Rede „Demokratisierung der Kirche?", verberge
sich die Heilslehre von der „völligen Unbeschränktheit des Ich",
die nahtlos überleite in die „marxistische Utopie der klassenlosen Gesellschaft". Dreißig Jahre danach, als der Marxismus nur
mehr ein Gerücht ist, modifiziert er seine Kritik. Innerkirchliche Demokratisierung dürfe auf keinen Fall dazu führen, „das
Dogma zur Debatte zu stellen und den Glauben von der Kon-
sensfähigkeit her neu zu definieren". Der Verweis auf die ob sol-

cher Tendenzen heillos zerstrittene und faktisch längst gespaltene anglikanische Kirche ist schwer zu entkräften. Außerdem kehrt er den Vorwurf mangelnder Demokratisierung listig gegen deren Protagonisten. Wie, fragt er, ist es eigentlich um die innerkirchliche Toleranz bestellt, wenn auf dem Hamburger Katholikentag des Jahres 2000 „die Homosexuellen mühelos ihren Platz finden", die „Katholische Pfadfinderschaft Europas", der man fundamentalistische Anwandlungen und eine sektenähnliche Struktur nachsagt, aber nicht? Und weshalb sollte das demokratisch legitimierte, doch faktisch von CDU-Politikern dominierte Zentralkomitee vor der „Verschmelzung mit Parteiaspekten" gefeit sein?

Beide Gefährdungen münden Ratzinger zufolge in jene „Ermüdungen der Kirche", die zu überwinden Benedikt XVI. entschlossen ist. Das Licht und die Freude des Glaubens neu zu entdecken, es missionarisch weiterzutragen, riet er den Priestern von Rom. Er kam damit einer ureigenen päpstlichen Aufgabe nach. Der Papst, der „Garant des Gehorsams" gegenüber Gott, habe ein „Schutzwall gegen die Eigenmächtigkeit" zu sein. Er sorge dafür, dass die Menschen nicht und auch nicht die Priester „die Kirche nach ihren Wünschen zurechtmodellieren, sondern dass sie in den Händen des Herrn bleibt" – sprach Ratzinger anno 2000. Man könnte auch, Novalis aufgreifend, sagen: Der Papst muss der Zeiten „Krisis mildern und die totale Zerfließung behindern, damit ein Stock übrig bleibe, ein Kern".

Die von Benedikt wie von seinen Vorgängern gebrauchte Formel Gregors des Großen vom Papst als dem „Diener der Diener Gottes", dem Ersten also in der Demut und im Dienen, steht diesem Konzept ebenso wenig entgegen wie die mehrfache Beteuerung Benedikts, er wolle seinen Dienst bescheiden, mit Einfachheit und Bereitwilligkeit leisten. Dieselbe Einfachheit – neudeutsch: Deregulierung – soll wieder Einzug halten in der Christenheit. Leiten soll wieder, wer zu dienen und zu beten versteht, nicht der Gremienspezialist. Hierarchie übersetzt Ratzinger bekanntlich mit „heiliger Ursprung". Ergo steht wohl auch an der Spitze der Hierarchie der Ursprungsnächste, der sich dem Stifter der Kirche und der Urgemeinde verbunden weiß, der die Glaubenspraxis der ersten Jahrhunderte achtet und der Autorität besitzt, weil er überzeugt ist. Kann man die Kirche des 21. Jahrhunderts so denken? Wird hier die strukturelle Trägheit einer Massenorganisation nicht ausgeblendet zugunsten eines romantisierenden Blicks zurück auf die Anfänge? Lest die Apostelgeschichte, würde Benedikt XVI. vielleicht antworten, lest und fahrt nach Bad Tölz.

Und so wollen wir es tun.

Die Katholische Integrierte Gemeinde und ihr Schutzpatron

Die Sonne hat die Wolken verbannt, dunkelgrün strahlen Bäume vor klarem Horizont, Wiesen sind so farbensatt, dass man hineingreifen möchte und sich ausruhen für lange Zeit. An einem solchen Tag muss Fontane gedichtet haben: „Des Himmels heitre Bläue / lacht dir ins Herz hinein / und schließt wie Gottes Treue / mit seinem Dach dich ein." Leise schlängelt sich der Zug gen Süden. Einfach ist es, nach Bad Tölz zu gelangen. Schwer kann es sein, dorthin eingeladen zu werden. Ein Anruf bei der „Katholischen Integrierten Gemeinde" (KIG) endet mit dem Versprechen eines Rückrufs. Der Rückruf, zwei Tage später, ist ein höfliches Bedauern. Man sei über und über beschäftigt, eine Chronik solle erstellt werden, man wisse weder aus noch ein, so dass es in den nächsten Wochen wohl nichts werde mit einem Besuch in Bad Tölz.

Ein zweiter Anruf, diesmal bei einem Priester statt einem Professor, Gemeindemitglied auch er, endet mit dem Verspre-

chen eines Rückrufs. Mittlerweile ist in Bad Tölz ein Brief ein-
gegangen des Inhalts, man möge doch bitte die gestrige Absage
überdenken. Der Rückruf kommt prompt, wenige Stunden
später. Morgen früh in Bad Tölz, von neun bis elf Uhr, könne
man sich gerne treffen. Er, der Priester, werde anwesend sein,
und der Professor und eine Frau, die heute abend noch Infor-
mationsmaterial vorbeibringe, und ein weiterer Priester und natürlich Traudl Wallbrecher selbst. Die Psychologiestudentin
Wallbrecher, Jahrgang 1923, hat nach dem Zweiten Weltkrieg
den Grundstein gelegt für die Katholische Integrierte Gemeinde, die sich nach Vorläuferorganisationen wie dem „Jungen
Bund", dem „Verein für religiöse Bildung" und der „Gemeinde
in München" 1968 konstituierte. Auch die KIG ist, auf ihre
Weise, eine Frucht der Umwälzungen jener Tage.

Das vierstöckige Haus liegt, etwas versteckt, direkt an der
Isar. 1963 hat es der Kreis um Traudl Wallbrecher und ihren
Mann Herbert, einen wohlhabenden Anwalt, gekauft. Im Speisezimmer hört man das Rauschen des Flusses und das Ticken
einer hölzernen Standuhr. Am Durchgang zum Nebenzimmer
hängen zwei Poster eng beieinander. Benedikt XVI. hebt die
Hand zum Gruß, und wo seine Gestalt endet, beginnt eine
Landkarte. Sie zeigt Israel, das „Heilige Land". Präziser lässt
sich die Programmatik der KIG nicht verdichten. Treue zum
Katholizismus und Liebe zum „Volk des Alten Bundes" sollen
sich wechselseitig und ganz praktisch verstärken.

An diesem weißen Tisch saß der Kardinal aus Rom schon oft.
Ein Bild vom August 1997 zeigt ihn freudig lächelnd neben seinem Bruder, Traudl Wallbrecher fest im Blick. Hier treffen sich
Tag um Tag die momentan 16 Bewohner des „Integrationshau-
ses" an der Isar, um gemeinsam Mahl zu halten und sich immer
neu als „Tischgemeinschaft" zu erfahren. Eine christliche Kom-
mune lebt hier, die ein Gegenmodell sein will zur von Wallbrecher despektierlich „Konkordatskirche" genannten Volks- und

Massenkirche. Die insgesamt rund tausend Mitglieder der KIG in Bad Tölz und München und Rom und Wangen im Allgäu und Budapest und anderswo wollen die „Glaubenskraft der frühen Gemeinde" wiedererlangen. Sie wollen leben wie die Urgemeinde, von der die Apostelgeschichte berichtet: „Alle, die glaubend geworden, waren beieinander und hatten alles gemeinsam. Und die Güter und den Besitz pflegten sie zu verkaufen und an alle zu verteilen, wie einer es gerade brauchte. Und Tag um Tag verharrten sie einmütig im Heiligtum. Das Brot brachen sie Haus um Haus, nahmen die Zehr in Jubel und Lauterkeit des Herzens, Gott lobpreisend und in Gnade beim ganzen Volk."

„Alle unsere materiellen und geistigen Kräfte", sagt Traudl Wallbrecher, „haben wir miteinander verbunden." Sozialismus ist damit nicht gemeint. Die „materielle Sicherung unserer Freiheit" sei gerade dadurch gewährleistet, dass sich jeder „nach seiner Möglichkeit" am Aufbau der Gemeinde beteilige. Die Auflösung des kompletten eigenen Vermögens ist nicht zwingend. In den Statuten, mit denen die KIG als Apostolische Gemeinschaft auch im Bistum Münster Anerkennung fand, heißt es: „Personen, die der Katholischen Integrierten Gemeinde zugehörig sind, verknüpfen in den verschiedenen Bereichen ihr Leben auf vielfältige Weise miteinander, je nach ihren Möglichkeiten und ihrer Berufung. Sie ergreifen gemeinsame Initiativen, insbesondere auf dem Gebiet der handwerklichen und künstlerischen Gestaltung, der Wirtschaft, der Medizin und der Pädagogik. Sie wohnen – soweit möglich und sinnvoll – gemeinsam in Integrationshäusern." Symbolischer Ausdruck dieses Geflechts, das die Mitglieder untereinander und mit der Welt verbindet, ist die Rose, und so steht denn auch in der Mitte des weißen Tisches eine Vase mit roten Rosen.

Die gezeichnete „Gemeinderose", die kreisförmige Anordnung eines Dutzends Rosen, versinnbildlicht den langen Weg zum vollwertigen Gemeindemitglied. Wie viele der Zeichnungen in KIG-Publikationen ähnelt sie den bunten Tafelbildern, mit denen Rudolf Steiner seine Vorträge illustrierte, und wie Steiner haben manche KIG-Kunsterzieher, Architekten und Designer eine Abneigung gegen alles Eckige, plump Gerade. Die Struktur der Gemeinden lässt jedoch eher an einen Orden denn an eine anthroposophische Einrichtung denken. Bis zu sieben Jahren dauert es, bis aus dem Interessenten ein Informand, aus diesem ein Freund, aus dem Freund ein Katechumene und dieser schließlich ein Mitglied, Mitarbeiter oder Angehöriger der Gemeinde geworden ist. Jeder Gemeinde gehört mindestens ein vom Ortsbischof bestellter Priester an. Die Leitung übt ein von der Mitgliederversammlung gewähltes Vorstandsteam aus, Vorsitzende des Vorstandsteams aller Gemeinden ist Traudl Wallbrecher.

Dass die KIG im Laufe ihrer wechselvollen Geschichte „beim ganzen Volk in Gnade stand", wird auch die geplante Gemeindechronik nicht behaupten können. Der „absolute Tiefpunkt" aber, sagt ein Gemeindemitglied, ereignete sich im Sommer des Jahres 1976. Mitte Juli fand in den Bischofskirchen von München, Münster, Paderborn und Rottenburg die so genannte Dombesetzung statt – ein katholisches Sit-in, ein basisdemokratisches Happening mit dem Mut der Verzweiflung. In jenen vier Bistümern, in denen die KIG damals vertreten war, beschlossen die Gemeindemitglieder, nach der Sonntagabendmesse einfach sitzen zu bleiben. Man sang Lieder, sprach sich Mut zu, las die Apostelgeschichte. „Die Menge der Glaubendgewordenen war in Herz und Leben eins." Als das Dompersonal mürrisch wurde, die Polizei rief, Hausfriedensbruch der Vorwurf lautete, betete man weiter an den Pforten der Dome. „Lasst euch retten aus diesem verqueren Geschlecht."

Die Aktion hatte ein klar umrissenes Ziel, und dieses Ziel wurde erreicht. In den Monaten davor waren die Stimmen lauter geworden, die der KIG vorwarfen, sie sei eine Sekte oder

Schlimmeres. Der Regens eines Priesterseminars sollte – Traudl Wallbrecher zufolge – später gar von einer „kriminellen Vereinigung" reden. Die KIG bemühte sich um einen Termin bei ihrem Bischof, dem Münchner Kardinal Döpfner, wurde aber nicht vorgelassen. Briefe, so sagt man, blieben unbeantwortet. Das kirchliche Happening war das letzte Mittel. Wenige Tage nach der Dombesetzung ließ Döpfner dann erklären, die KIG sei eine „freie Gruppe im Raum der Kirche", keine Sekte. Ein Sieg auf der ganzen Linie? Kurz darauf starb Döpfner, und nun begann, in Wallbrechers Worten, erst recht eine „psychische Verfolgung". Die Hefte der KIG wurden aus den Buchhandlungen entfernt, Lehrer, die zugleich Gemeindemitglieder waren, verloren ihre Stellung. Die KIG treffe eine Mitschuld am Tod des beliebten Kardinals.

In dieser prekären Situation fand jenes Treffen statt, das den Wendepunkt markierte im Leben der Reformgemeinde und vielleicht auch im Leben des späteren Papstes Benedikt. Am 16. Oktober 1976 kam der Regensburger Ordinarius für Dogmatik und Dogmengeschichte nach Wolfesing bei München ins dortige Gemeindezentrum. Er trug einen schwarzen Anzug, ein weißes Hemd, eine schwarze Krawatte. Er hielt an der Zusage fest, die er schon vor den Aktionen in München, Münster, Paderborn und Rottenburg gegeben hatte. Er legte dar, was er schon immer verkündet hatte, und es war genau das, wonach die Gemeindemitglieder sich sehnten, und umgekehrt hatte die professorale Sehnsucht nach einem Christentum als Lebensform genau hier, so schien es, den Ort ihrer Konkretion gefunden. Ratzinger feierte Eucharistie mit Brot und Weinkrug und predigte: „Christsein ist nicht bloß Verein, Gemütlichkeit, irgendetwas sonst. Christsein reicht in die Tiefe von Leben und Sterben." So unbedingt wie dieser Theologe den Glauben verkündete, so unbedingt wollte die KIG ihn leben, ihn erleiden, ihn sterben.

Schon damals war Ludwig Wiemer, geboren 1940, der Cheftheologe der KIG. Schon damals trug er die pechschwarze Prinz-Eisenherz-Frisur, die sein Markenzeichen bleiben sollte. Auch das Foto von Ratzingers Aufenthalt in Bad Tölz im August 1997 macht keine Ausnahme. Wiemer sitzt an der Stirnseite des weißen Tisches. Er habilitierte sich in Regensburg bei Ratzinger. Man berichtet, in seinem Arbeitszimmer, das er 1977 gegen das erzbischöfliche Palais in München eintauschen musste, habe Ratzinger alle Veröffentlichungen der KIG gesammelt. Was konnte er da, lange vor seinem Besuch in Wolfesing, lesen?

„Beiträge zur Reform der Kirche" nannten sich die vierteljährlich erscheinenden, rund 150 Seiten starken, quadratischen Hefte. Dem Stil der Zeit gemäß finden sich Fotocollagen neben handschriftlichen Sätzen, lange, bilderlose, thesenstarke Texte neben Tafelbildern und Strukturskizzen. Die einzelnen Beiträge sind nicht gekennzeichnet, dafür steht auf der letzten Seite „Autor dieses Heftes: Die integrierte Gemeinde". Und fast immer geht es ums Ganze, ums Grundsätzliche, um die Welterklärung. Pamphlete autonomer Gruppen sahen nicht viel anders aus, hatten aber deutlich mehr Rechtschreibfehler.

In Heft 2/1969 steht in gesperrter Buchstabenfolge: „Am Anfang war nicht die Theologie, sondern die Gemeinschaft mit ihrer Erfahrung von Gottes Handeln an ihr." Kaum ein gutes Haar wird auch im Folgenden an der universitären Theologie gelassen, die sich vom gelebten Glauben entfernt habe und das Christentum nur mehr historisch behandle. Die damals aus 84 Erwachsenen und 19 Kindern bestehende Gemeinde – „es darf keine Flucht geben in Kompromisse, Oberflächlichkeit, Indifferenz, Gewöhnung" – ist sodann zu beobachten, wie sie ihr neues Zentrum baut, Stein auf Stein. Zwischen Alltag, Arbeit und Gebet soll keine Trennung mehr sein. Gedichte mahnen, „aber die Tulpen blühen, und du siehst sie nicht", und „ich muss dir und du mir das Leben retten. Täglich. Ich bin verloren ohne dich, und deine Last liegt schwer auf mir." Theologische Beiträge schließen sich an, das Alte Testament dominiert. „Die Sache Gottes beginnt mit Abraham."

Am Ostermontag des Jahres 1969 dankte man Gott, „denn ein größeres Wunder gibt es nicht, als dass die Gemeinde heute noch am Leben ist". Ein „Festlicher Abend" mit Bibeltexten, Plakaten, konstruktiven Raumelementen, experimentellen Farb-Raum-Reliefs, systematischen Farbraum-Analysen, Sektpause und Gespräch wird dokumentiert – fast gerade so, als wär's Konzeptkunst im Auftrag des Studentenparlaments. „Mitten in München", hieß es am 8. Juni 1969, „lebt eine differenzierte Kommunität, deren einzige, einmütige Freude, um die sich alles dreht, die ist, Kirche zu sein. Mitten im brodelnden Leben einer Großstadt ist die integrierte Gemeinde entstanden als ein Gesamtkunstwerk, aber nicht aus unserer Hand; als ein Modell vielleicht, als eine Möglichkeit, mitten in der säkularen Welt im Sinne der Tradition der Kirche und des Neuen Testaments zu leben." Und auf Seite 57 folgt der Schlüsselsatz, den der jüngere wie der ältere Ratzinger und auch Benedikt XVI. sofort unterschriebe. „Der Auftrag für die Welt ist nur dann von der Kirche zu erfüllen, wenn sie Kontrastgemeinschaft ist, Salz für die Welt, nicht der Welt gleichförmig."

Faszinierend ist noch immer die Lektüre der Hefte. Soviel ernster Enthusiasmus ist selten und macht in seiner Konsequenz ein klein wenig schaudern. Der Wille zur Welt- und Selbstveränderung steht außer Frage. Die Hartnäckigkeit, mit der der falsche Trost eines durch und durch und gerade in den vermeintlich revolutionären Ausbruchsversuchen standardisierten Lebens enttarnt wird, zeugt von einem flammenden Herzen, einer missionarischen Seele. Doch das Reimwort von der Einmütigkeit, übernommen aus der Apostelgeschichte und den Reden Jesu, hat seine Tücken. „Wenn alle dafür sind, ist Gemeinde", schreibt 1969 ein Gemeindemitglied. Der Umkehrschluss gilt aber auch. Wer nicht dafür ist, schließt sich selbst aus.

Jesus sprach: „Wer nicht mit mir ist, der ist gegen mich." Die Integrierte Gemeinde bekennt sich emphatisch zum Drinnen und Draußen, denn „damit wird die Situation des Neuen Testamentes wieder heraufgeführt, die einzig rettende Auseinandersetzung für die Kirche". Die Gemeinde kenne „den Ausschluss aus der Gemeinschaft, weil sie Einmütigkeit braucht. Das Thema Spaltung, Scheidung, Entschlackung stellt am Ende die wahre Verwandtschaft Jesu heraus, die Jünger." Im Jargon der späten sechziger Jahre wird so eine Situation der permanenten Entscheidung für glaubensnotwendig erklärt – eine radikale Sicht, der maximale Gegensatz zu allen Gewohnheits-Christen und Karteileichen. Fraglich bleibt indes, ob allein die Einmütigkeit innerhalb der Gemeinde Kriterium für ein authentisches Christentum sein kann. Fraglich bleibt auch, ob die bestätigte Einmütigkeit gar so umstandslos mit dem göttlichen Willen identifiziert werden kann, wie dies 1970 geschah.

In diesem Jahr erwarb die Gemeinde das zuvor mietweise genutzte „Fest- und Tagungshaus" in Urfeld am Walchensee und nannte es fortan „Marlene-Kirchner-Haus". Dort finden bis heute die meisten Kurse und Gesprächsrunden der KIG statt, dort, in idyllischer Lage an einem der beliebtesten Seen Oberbayerns, kehrte auch mehrere Male Joseph Ratzinger ein. Benannt ist das Haus nach einem an Ostern 1966 früh verstorbenen Gemeindemitglied. Marlene Kirchner spielte bei den Gemeindeabenden Theater, entwarf Kostüme, half in der Küche, und noch die Speisen für das Osterfest, das sie nicht mehr erleben sollte, waren von ihr vorbereitet worden.

Ein Jahr vor ihrem Tod hatte sie geschrieben: „Ich lebe in steter Verzweiflung, und mein Leben ist ein einziges Zu-Boden-Fallen und ein immerwährendes Wiederaufstehen. Das war zwar früher genauso, aber ich hatte einen Gott für meine Verzweiflung und für mein Versagen gehabt. Jetzt weiß ich, dass ich Seinen Zuspruch im Anspruch der Gemeinde erfahre. Zuerst habe ich geglaubt, ich würde nun nicht mehr verzweifelt sein, jetzt aber weiß ich, dass das gar nichts miteinander zu tun hat. Ich muss meine Verzweiflung in die Gemeinde bringen oder besser gesagt, mein immer wieder Aufstehen: das ist das reine Nichts. Ich erkannte, dass ich überhaupt nur das bin, was Gott in der Gemeinde aus mir als ihrem Teil zu machen gewillt ist. Im Übrigen bin ich ein reines Nichts."

Ein halbes Jahr vor ihrem Tod hatte sie geschrieben: „Ich bin in eine ungeheure Freiheit geworfen, wie in einen Abgrund ohne Boden, ohne Grenze. Nichts gilt mehr. Alles, was früher einen Halt gab, ist vorbei. Ich kann nicht mehr sagen, dass ich gut und richtig lebe, wenn ich tue, was recht ist. Ich kann nicht mehr sagen, dass ich belohnt werde, wenn ich jetzt leide. Nichts von all dem ist geblieben. Aber eines ist hervorgekommen: Mein Ja zu Gott und der Gemeinde. Ich habe es einmal gesagt. Ich war frei, es zu sagen. Aber ein Nein gibt es nicht mehr. Ich kann aufbegehren und verzweifelt sein, aber ich weiß, dass ich gebunden bin in dieses einmalige Ja, das ständig wiederholt werden muss, aber nie zurückgenommen werden kann."

Vier Jahre nach ihrem Tod, bei der Einweihung des „Marlene-Kirchner-Hauses", schrieb das Autorenkollektiv der Integrierten Gemeinde: „Wenige Tage nach dem Tod, noch immer im Schrecken und Bann ihres Todes, fand sich die Gemeinde als ganze zum erstenmal direkt von Gott angeredet. Etwas bis dahin Unbegreifliches war geschehen: Die Gemeinde erkannte in diesem Tod ein unmittelbares Handeln Gottes an dieser Gemeinde. Die Gemeinde sah, dass Marlene Kirchner als Zeuge für Gottes Handeln starb und als Zeuge Seiner Nähe in der Gemeinde gelebt hat und lebt. Die Gemeinde erkannte sich schuldig an diesem Tod: nämlich in ihrer Desintegration, und sah von diesem Augenblick an schlagartig, dass, wenn die Gemeinde ihre Aufgabe, eine Furche durch die Geschichte zu ziehen, wahrnehmen soll, sie dies nur im Zusammenspiel aller Kräfte können wird. Hätte es damals innerhalb der Gemeinde bereits die Integration gegeben, hätte sich Marlene Kirchner in ihrer Sorge um die Gemeinschaft nicht zu Tode arbeiten brauchen."

Der Tod des Einzelnen, der die verbliebene Gemeinschaft enger zusammen schweißt; der Tod eines jungen Menschen, der sich ein „reines Nichts" nannte, als Fingerzeig Gottes, ja als gottgewollter Schuldspruch über die Verbliebenen; ein Ja zur Gruppe, das im Leben nicht zurückgenommen werden kann und das in die physische wie psychische Überlastung führt, die von der Betroffenen als Freiheitserfahrung gedeutet wird: Aus diesen Dokumenten lassen sich durchaus Kriterien für den Sektencharakter einer Vereinigung herausdestillieren. Die Gemeinde selbst reflektiert im selben Heft, der Ausgabe 4/1970 der „Beiträge zur Reform der Kirche", diesen bis heute erhobenen Vorwurf. Theologisch eine Sekte seien die anderen, die „aus dem Neuen Testament bestimmte Seiten herausschneiden", tendenziell die Protagonisten von „Volkskirche, Reichskirche, Weltkirche". Soziologisch eine Sekte aber müssten alle sein, die wahrhaft „apostolisch, neutestamentlich" sind, die den „Mut zum Salz- und Sauerteig-Sein haben", die also sind wie die zum Urchristentum zurückgekehrte Integrierte Gemeinde. Plakativ ließe sich sagen: Die Kirche Christi ist in den Katakomben, nicht in den Fußballstadien, wo Päpste heute Messen zelebrieren.

Ein späterer Papst las die Hefte der Gemeinde dennoch mit Begeisterung. Die doch recht archaische Sinngebung eines frühen Todes dürfte ihm zwar ebenso wenig ein Nicken entlockt haben wie die Forderung, „die Kirche muss den Zwangszölibat aufgeben", weil nicht die priesterliche Ehelosigkeit, sondern die Gemeinde „ein Stück erlöste Welt" sei. Es muss dem Regensburger Theologen fast wie eine Offenbarung gewesen sein, dass zwei Stunden entfernt von seinem Schreibtisch eine Gruppe überzeugter Katholiken, zu denen er zuvor in keinem direkten Kontakt gestanden hatte, sein ureigenes theologisches Programm lebenspraktisch umzusetzen suchte, ohne dass sie von den Ratzingerschen Schriften den entscheidenden Impuls erfahren hätte. Wenn dieser Gleichklang unbekannter Seelen keine Fügung, keine Tat des Heiligen Geistes gewesen sein soll …

Bei Henri de Lubac war das Christentum wesentlich eine „brüderliche Gemeinschaft". Ratzingers Begriff der Kirche als Communio beruht darauf. Entwickelt hatte er ihn schon in der Schrift über Bonaventura, der in „von der Leidenschaft des Glaubens getriebenen Gemeinschaften die Antwort auf die Frage der Utopie" gesehen hatte. Auch bei dem heiligen Augustinus, dem Gegenstand der Dissertation, findet sich diese Bestimmung. „Brüderliche Gemeinschaft" bedeutet, dass alle Christen Kinder des einen Gottes und dass sie untereinander alle verschwistert sind. „Brüderliche Gemeinschaft" ist der Titel eines Vortrags von Ostern – einmal mehr: Ostern – 1958, den der Professor am weißen Tisch zu Bad Tölz, Rudolf Pesch, so beiläufig erwähnt, dass die zentrale Stellung dieses Textes für die KIG als gesichert gelten kann.

In Wien referierte der damalige Bonner Fundamentaltheologe Ratzinger über die Zeit der Urgemeinde, da „Kult und Leben noch ungeschieden waren". Eucharistiefeier und „Sättigungsmahl" bildeteten eine Einheit – gerade so, wie es Ratzinger und KIG dann 1976 in Wolfesing vollzogen, mit Weinkrug und Tischpredigt. „Die christliche Brüderschaft", sprach der 31-jährige Theologe damals in Wien, „unterscheidet sich von allen anderen, den Kreis der Blutsverwandtschaften überschreitenden Bruderschaften durch ihren strengen Realitätscharakter." Christlich glauben bedeute „notwendig das Ja zu den Brüdern". Und Brüder bzw. Geschwister im engeren

Sinne seien zunächst nur Christen, „die Aufhebung dieser Grenze ist aufklärerisch", also im Ratzingerschen Koordinatensystem latent totalitär. In einem zweiten Schritt gerät dann auch „der andere Bruder" in den Blick, der Nicht-Christ, für den man da zu sein habe.

Ausgangspunkt aber bleibt die von der Integrierten Gemeinde dann zum theologischen Grundgesetz erhobene, jesuanisch begründete Scheidung in ein Innen und ein Außen, ein Für-uns und ein Gegen-uns. Wie auf die noch nicht existente KIG gemünzt scheint der Wiener Appell des Kirchenreformers Ratzinger von 1958: Man müsse „auch heute in den Gemeinden wieder zeitgemäße Formen außerkirchlichen Gemeinschaftslebens entwickeln, die die kultische Zusammenkunft ergänzen und den unmittelbaren brüderlichen Kontakt ermöglichen." Genau 40 Jahre später kleidet der Kardinal dieselbe Überzeugung in die Worte, die Frage nach Gott sei „letztlich keine theoretische Frage, sondern die Frage nach der Praxis des Lebens". In diesem Sinne ist er ein Verfechter des Spontanen, Individuellen, Überschaubaren geblieben bis heute.

Die KIG zählt zu den kleineren der in den letzten Jahrzehnten an vielen Orten und fast nie in Deutschland entstandenen Neuen geistlichen Bewegungen. Wie für Johannes Paul II. gilt für Benedikt XVI., was Kardinal Ratzinger im September 2003 in einem Interview sagte: Er sei „wirklich ein Freund dieser Bewegungen – Comunione e Liberazione, Focolare, Charismatische Erneuerung. Ich halte sie für ein Zeichen des Frühlings und der Gegenwart des Heiligen Geistes, der uns heute neue Charismen schenken will. Für mich bedeuten sie eine große Hoffnung, weil sie nicht von irgendwelchen Verantwortlichen in Organisationen gegründet worden sind, sondern wirklich die Kraft des Heiligen Geistes in diesen Menschen sichtbar wird." Für Pfingsten 2006 hat Benedikt die Mitglieder dieser Bewegungen nach Rom eingeladen. Dort wird es dann zu einer

Neuauflage des von Johannes Paul II. initiierten Treffens von 1998 kommen.

In Deutschland aber, so Ratzinger im Jahr 2000, hätten es „prophetische Menschen" besonders schwer, und er mag dabei an Traudl Wallbrecher, Ludwig Weimer und Rudolf Pesch gedacht haben. Im Namen einer „blasierten Aufgeklärtheit" würden „heitere und vom Herzen her geprägte Formen des Glaubens schnell in die Ecke des Fundamentalismus und der Sekte" gedrängt. Diese Etikettierung sei jedoch nicht das Resultat vertiefter Einblicke, sondern eines typisch deutschen Wahns. „Bei uns dominiert die Organisation. Alles muss seine Ordnung haben." Wohl wahr, doch vielleicht erheben christliche Neugründungen anderen, papstkritischeren Zuschnitts denselben Vorwurf und richten ihn nach Rom.

Moral, sagte Ratzinger 1984 in einer prägnanten antiakademischen Volte, braucht ein Wir, braucht einen „gemeinschaftlichen Way of life", braucht „nicht den Fachmann, sondern den Zeugen". Dort also, wo die Moral bloß intellektuell verhandelt wird, ist sie längst vor die Hunde gegangen. Insofern wäre der endzeitliche, krisenhafte Zustand der Welt mit der Individualisierung der Lebensbereiche eng verknüpft. Von überzeugten und deshalb Zeugnis gebenden Gemeinschaften müsste die moralische Neugeburt ihren Anfang nehmen. Diesen Zusammenhang hat die Integrierte Gemeinde von Anfang an begriffen. Das persönliche Zeugnis ist bis heute fester Bestandteil ihrer Öffentlichkeitsarbeit.

Marlene Kirchner hatte geschrieben, sie finde „Gottes Zuspruch im Anspruch der Gemeinde". Anspruch im Sinne von Anrede, vor allem aber Anstrengung ist der Schlüsselbegriff der Frühzeit. Viele, durchweg junge Mitglieder, Freunde, Informanden oder Katechumenen berichten in den „Beiträgen zur Reform der Kirche", dass der Anspruch „total" sei. „Der Anspruch geht aufs Ganze", „dieser Anspruch auf optimale Dichte, dieses Drängen" sei vergleichbar mit der Buße; „dass sich mit einer solchen Wucht in kurzer Zeit alles ändern würde, ahnte ich nicht."

Sie geben konkrete Beispiele für diesen Anspruch: Ein Haus wird verkauft, den Erlös bekommt die Gemeinde; ein Bausparvertrag über 15 000 Mark wird der Gemeinde gutgeschrieben; ein weiteres Haus erhält die Gemeinde; eine 28-jährige Frau verzichtet auf Beamtenstellung und Pensionsberechtigung, damit „jeder, wirklich jeder Bereich meines Lebens mit Gemeinde angefüllt ist, auch mein Beruf"; ein 25-jähriger Mann, ein „unnützer Knecht", berichtet, „meine ganze Zeit ist von der Gemeinde her einzuteilen und auszukaufen. Mein ganzes Geld ist von der Gemeinde her zu verwalten." Wie kauft man eine, seine Zeit aus? Besteht die Gemeindeleitung aus den grauen Herren, die sich in Michael Endes „Momo" von fremder Zeit ernähren? Daran kann der 25-jährige Mann nicht gedacht haben, 1969 war „Momo" noch nicht geschrieben. Doch wie geht das, wie kauft man seine Zeit aus, und was geschieht mit der ehemals und vielleicht zukünftig wieder eigenen Zeit, während sie ein anderer, während sie die Gemeinde hat? Erhält man sie verdichtet oder gedehnt, strahlender, befleckter oder gar nicht zurück? Was geschieht da nur mit der Zeit, die man war?

Offenheit und Pathos sind typisch für die Anfangsjahre. Auch gegenwärtig, im monatlich erscheinenden Heft „Heute in Kirche und Welt – Blätter zur Unterscheidung des Christlichen" ist eine Seite dem Glaubenszeugnis reserviert, das noch immer meist eine Bekehrungsgeschichte ist. Doch freudig, nicht grüblerisch, stärker nach außen als nach innen gerichtet, selbstbewusst statt unterwürfig sind nun die Berichte – und unkonkreter. Immerhin erzählt der ehemalige Trompeter von „Bernies Autobahn Band", er habe seine Frau und die drei kleinen Kinder 1987 zurückgelassen, um zur Gemeinde zu ziehen. 1992 trat er in die katholische Kirche über, heute arbeitet er als

Musiklehrer an den Schulen der KIG. „Der springende Punkt ist, dass ich etwas von dieser wunderbarsten Sache in der Welt gehört habe, von der Aufgabe, für die es sich wirklich lohnt, alles einzusetzen." Aufgabe statt Anspruch, alles einsetzen, nicht sich weggeben: Die Frage bleibt, ob sich mit der Rhetorik auch das Maß an Verbindlichkeit und innerer Rigorosität gewandelt hat. Unverändert beginnt das Leben in der Gemeinde mit einem Schnitt, einem Abschied, einem Fallbeil. Benedikt XVI. weiß, wovon die KIG spricht.

Der Gleichklang des Weltempfindens endet nicht im Salz- und Sauerteig-Bewusstsein, im Bekenntnis zur überschaubaren, brüderlichen Kontrastgemeinschaft. Diese Gemeinschaft muss ihrem Wesen nach schöpferisch sein. Wenn Ratzinger, der Ästhet, die Häuser der KIG besucht, die von den Gemeindemitgliedern künstlerisch gestaltet sind, in einem schlichten, nüchternen und doch nicht abstrakten Stil, helle Farben, Holz und Stein, dann spürt er eine Verwandtschaft höheren Grades. Das Leben, das ganz vom Glauben durchdrungen ist, verwandelt sich in ein Gesamtkunstwerk, Alltag wird festlich und das Fest zur frohen Liturgie: Dieses Bewusstsein verbindet KIG und Ratzinger enger noch als die gemeinsame Theologie, und es ist ein Bewusstsein, das wiederum an die Hochzeit der deutschen Romantik erinnert. „Wie seine Kunst sich vollendete", schreibt Friedrich Schlegel über den fiktiven Maler Julius, „so ward ihm auch sein Leben zum Kunstwerk, ohne dass er eigentlich wahrnahm, wie es geschah. Es ward Licht in seinem Innern. Das Rätsel seines Daseins war gelöst, er hatte das Wort gefunden. Er zog allmählich manche vorzügliche Menschen an sich, und so entstand eine freie Gesellschaft, oder vielmehr eine große Familie, die sich durch ihre Bildung immer neu blieb."

Der ganzheitliche Mensch, den die Romantiker des Intellekts forderten, leitet die Integrierte Gemeinde aus dem Alten Testament ab. „Wie schön sind deine Zelte, Jakob, deine Wohnungen, Israel! Wie Täler sich ausbreiten, wie Gärten am Strom, wie Eichen, die Jahwe gepflanzt." Als 1990 in Bad Tölz das gemeindeeigene Verlagshaus eingeweiht wird, stellt man sich aus diesem Anlass in einer Broschüre die Frage, ob Glaube etwas mit Form zu tun habe, und kritisiert die „zunehmende Formschwäche des christlichen Glaubens". Das Gegenbild kann nicht überraschen: „Die Integrierte Gemeinde hat ohne eigenes Verdienst die Schönheit der Kirche neu erfahren, den Reichtum ihrer Sakramente, die Kostbarkeit ihrer Tradition, den sachgerechten und gerade deshalb menschengerechten Bauplan ihrer Gemeinden." Das heißt: Unter dem Banner der zwölf Rosen soll man die Wahrheit an ihrer schönen Gestalt erkennen und Gott an der Form, in der die Liebe zu ihm schöpferisch wird. Genau das ist der Kerngedanke von Ratzingers und Benedikts Liturgieverständnis.

Sie hatten sich gesucht und gefunden, der Mann der Konkordatskirche und die kleine, feine Parallelkirche mit der Bereitschaft zur Passion und der Sehnsucht nach Eingliederung. Sie halten sich die Treue. Die Wahl Ratzingers zum Papst, sagt der „Obere der Gemeinschaft der Priester im Dienst an Katholischen Integrierten Gemeinden", Peter Zitta, der Traudl Wallbrecher gegenübersitzt am weißen Tisch im Speisezimmer, der Sonnenstrahl fällt steiler auf die Isar – diese Wahl sei fast eine Art zweiter kirchenrechtlicher Anerkennung, das Siegel gewissermaßen unter dem Unbedenklichkeitsstempel der Kardinäle Döpfner und Ratzinger. Man kann die Erleichterung mit Händen greifen, wenn auch so nicht hören: Endlich und endgültig keine Sekte mehr!

An Gunstbezeugungen ließ es Ratzinger nicht fehlen. 1985 wurde die KIG mit der Leitung der Gemeinde St. Ambrosius in Hergensweiler im Allgäu beauftragt, 1986 erhielt man St. Ulrich in Walchensee, 1987 St. Martin in Zorneding, 1988 war es damit vorbei. Es kam zu Spannungen mit dem Pfarrgemeinderat, der Münchner Kardinal Friedrich Wetter drängte auf Rückzug der KIG-Priester aus Zorneding. Später gab es Gerüchte, die Familie Wallbrecher sei tief in den Nationalsozialismus verstrickt gewesen. Ratzinger beauftragte einen renommierten Zeithistoriker mit einem Gegengutachten. Ratzinger war es auch, der der Gemeinde zu kirchenrechtlichen Statuten riet, und von ihm stammen Titel und Programmatik der ambitioniertesten Gründung der KIG, der „Akademie für die Theologie des Volkes Gottes" in der Villa Cavalletti bei Rom. In zwei Jahren, also 2007/2008, sagt Traudl Wallbrecher, wird aus der Akademie eine Hochschule geworden sein, und der Heilige Vater soll sie einweihen. Zu Pfingsten schickte er ihren Enkeln, die er getauft hatte, eine Karte. In schönster Schönschreibschrift hat sie unterschrieben: „Euer Papst Benedikt XVI."

Den Festgottesdienst zum 50-jährigen Bestehen der Gemeinde, am 10. Oktober 1999 im Dom zu Frascati, zelebrierte Kardinal Ratzinger. Der Chor sang „Locus iste" von Anton Bruckner nach dem Text der Genesis, „Dies ist ein Ort, von Gott geschaffen, ein unfassbares Geheimnis, nicht zu begreifen." Kyrie und Gloria entstammten der „Wiener Messe", komponiert von einem Gemeindemitglied, das Evangelium wurde zur Hälfte auf Englisch und zur Hälfte auf Suaheli vorgetragen, denn in Mikese, Tansania, befindet sich die dritte von der KIG geführte Pfarrei, und dann predigte der Kurienkardinal über das Gleichnis vom königlichen Hochzeitsmahl, Matthäus 22, 1–14, und fügte seinen bewegenden Predigten ein weiteres Glanzstück hinzu.

„In dieser Stunde, in der wir Gottes Hochzeitsmahl begehen, in der wir sein hochzeitliches Sichschenken empfangen dürfen, von ihm beschenkt und von der Größe seines Festes berührt werden, danken wir ihm dafür, dass er trotz unserer Taubheit und unserer Herzenshärte uns diese Einladung vernehmen ließ, sie uns ins Herz gesenkt hat. Wir danken auch für die Prüfungen, denen er uns unterwirft. Denn gerade wenn wir Schläge empfangen, wissen wir, dass wir mit ihm unterwegs sind. Sie sind uns Zeichen, dass wir ihm nahe sind. Sie sind Gnade der Reinigung, durch die er uns aus Selbstsicherheit und Selbstzufriedenheit herausreißt; Gnade der Reinigung, durch die er uns hilft, dass wir nicht unser eigenes Fest begehen, nicht uns selber feiern, sondern dass wir uns herausreißen lassen, um mit der ganzen Gemeinschaft der Geladenen aller Zeiten zu ihm unterwegs zu sein, Boten nicht unseres, sondern seines Reiches zu werden. So danken wir, dass er uns immer wieder zurechtrichtet, bitten ihn, dass er es tut, und dass wir darin, gerade darin die Freude seiner Gegenwart erfahren dürfen."

Die Schläge für die KIG, der doch, so Ratzinger in Frascati, „ein Funke der Freude, ein Funke der Hoffnung" ins Herz gefallen sei und die doch wie im Gleichnis die Erfahrung machen musste, dass „Gottes Einladung stört", dass der Unbedingte in einer Welt der Bedingtheiten immer stört; die Schläge und Prügel als Gotteszucht und Mal der Erwähltheit, Signum des rechten Weges wie damals in den besetzten Domen von München, Münster, Paderborn, Rottenburg – die Widerstände also sollen anspornen, denn sie sind eine Auszeichnung. Wer dieser Argumentation folgt, kann im aus so winzigen Anfängen – 84 Erwachsene und 19 Kinder – entstandenen Netzwerk die punktgenaue Umsetzung des Programmes sehen, das der junge Ratzinger in seiner Rede zur „Brüderlichen Gemeinschaft" auf den Nenner brachte: „Die christliche Brüderschaft verwirklicht ihre Verpflichtung für das Ganze vor allem durch die Mission, durch die Agape und durch das Leiden."

Vom teils gesuchten, teils erlittenen und vermutlich auch zugefügten Leid und der unter dem Stichwort der Einmütigkeit praktizierten Agape, dem Liebes- und Gottesdienst, war bereits die Rede. Bliebe noch die Mission, und auch hier kennt der Eifer buchstäblich keine Grenze. Seit 2002 steht ein KIG-Priester, der 1993 von Kardinal Ratzinger in Rom geweiht wurde, der Gemeinde St. Nikolaus in Mikese, Diözese Morogoro, Tansania, vor. Auch im Bistum Dar-es-Salaam ist man aktiv. Die KIG betreibt in Tansania einen Kindergarten, eine Grundschule, eine Lehrschreinerei, eine Backstube, eine Schlosserei, eine Metzgerei.

Einem missionarischen Impuls folgen letztlich auch die „Integra"-Genossenschaftsbank in München, die alle Formen der Geldgeschäfte anbietet, der Bad Tölzer „Verlag Urfeld", dessen prominentester Autor Joseph Ratzinger ist, die Privatklinik St. Cosmas in Neubiberg nahe München, die Berufsfachschule für Hauswirtschaft in Kochel am See, das von Gemeindemitgliedern betriebene Internat St. Anna in Emsdetten bei Münster und natürlich der als gemeinnützige GmbH organisierte „St. Anna Schulverbund", bestehend aus zwei Grundschulen, einer Realschule und einem Gymnasium mit Tagesheim, die insgesamt von rund 600 Schülern in und nahe München besucht werden.

Die Leidenschaft aber, mit der Traudl Wallbrecher von der „Akademie für die Theologie des Volkes Gottes" spricht, lässt keinen Zweifel zu. Diese Universität in Wartestellung soll der krönende Höhepunkt des ganzen Wirkens der KIG werden. Dort wollen die „Christen als Christentumskritiker um der Rettung des Evangeliums willen" (Ludwig Weimer) eine fortwährende Erneuerung der selbstverschuldet in Not geratenen Kirche institutionalisieren. Die Quadratur des Kreises soll gelingen. Mit Lehrplan und Curriculum will man Laien wie Priester davor bewahren, den Versuchungen der Trägheit, den Verlockungen der Struktur zu erliegen. Und ohne Joseph Ratzinger gäbe es diese Akademie unter diesem Namen an diesem Ort nicht.

Zwischen Olivenhainen, Wiesen und Weinberg, unweit der päpstlichen Sommerresidenz Castel Gandolfo, liegt der ehemalige Jesuitenbesitz, eine herrschaftliche dreistöckige Villa mit mehreren Nebengebäuden. Von ihr soll wohl gelten, was der wortmächtigste Theoretiker der Villa als Lebensentwurf, Rudolf Borchardt, 1907 über eine toskanische Villa schrieb: „Die Stille ist das Element dieses Hauses, manchmal wenn wir zusammensitzen, ist es wie etwas Greifbares, kein Schweigen, sondern das völlige Verstummtsein des Bösen, die Seligkeit der Pause mitten im Leben." 1995 besuchte Ratzinger erstmals die damals frisch erworbene Villa Cavalletti. Am 5. Mai 2003, in seinem „Wort der Ermutigung", begründete er die Notwendigkeit einer solchen Einrichtung mit der Krise der universitären Theologie. Man brauche „ergänzende Standorte". Bei der offiziellen Einweihung am 25. Oktober desselben Jahres war er terminlich verhindert, doch das schriftliche „Gruß- und Segenswort" sprüht über vor Freude und Begeisterung.

Die Akademie könne einen wichtigen Gegenakzent setzen. Sie könne Theologie zurückführen auf ihre ursprüngliche Bedeutung. Theologen seien am Anfang jene Menschen gewesen, die „sich so Gott geöffnet hatten, dass durch ihr Wort Gott selbst zu den Menschen sprach, als redendes Subjekt in die Geschichte eintrat". Die ersten Theologen waren Pseudo-Dionysios gemäß die Verfasser der heiligen Schriften. Wie das Christentum als ganzes soll die Theologie zu ihren Wurzeln zurückgeführt werden, soll sie Sprachrohr sein für Gott, nicht Künder der eigenen Klugheit. Die deutsche Universitätstheologie soll also Ratzinger gemäß sich künftig in Demut und Bescheidenheit üben und von der Villa Cavalletti lernen, wie man ein betender und aus dem Gebet handelnder, also frommer Theologe wird. Die deutschen Gelehrten werden diese Mahnung kaum beherzigen. Mehr dazu später.

Der zweite Kernbegriff ist „Volk Gottes". Auch er hat eine lange Geschichte, und auch er schweißt KIG und Benedikt XVI. zusammen. Im „Gruß- und Segenswort" definierte Ratzinger das Gottesvolk als Resultat der konkreten Geschichte Gottes mit den Menschen, die Gestalt annahm „mit Abraham und mit Jesus von Nazareth noch einmal eine neue Stufe erreicht". Volk Gottes ist demnach die Gemeinschaft der Juden und Christen, ist der eine Bund. Ratzingers entsprechende Studien wurden bereits zum vierten Mal im Verlag Urfeld der KIG aufgelegt. Sie tragen den Titel „Die Vielfalt der Religionen und der Eine Bund". Darin findet sich der Satz, durch Christus sei „die Bibel Israels zu den Nichtjuden gekommen und auch ihre Bibel geworden". Und klarer noch: Altes und Neues Testament seien keineswegs zwei verschiedene Religionen, „es gibt nur *ein* Geschichtshandeln Gottes mit den Menschen".

Volk Gottes ist ein Kernbegriff in den Konzilsdokumenten, vor allem in der Konstitution über die Kirche – „Lumen gentium" –, an der Ratzinger bekanntlich mitwirkte. Bald wurde er zum Schlagwort auch der Kirchenkritiker, die innerhalb des einen Volkes keine Hierarchien akzeptieren wollen. Auf dem Katholikentag 1968 fordert man die „vollständige Inpflichtnahme eines mündigen Volkes Gottes". ZdK-Präsident Meyer erklärte nach der Papst-Wahl, „die Gemeinsamkeit des Gottesvolkes und die gleiche Würde aller Getauften" gehe der Unterscheidung in Bischöfe, Priester und Laien voraus. In seiner Dissertation von 1954 beschäftigte Ratzinger sich mit „Volk und Haus Gottes in Augustins Lehre von der Kirche" und kam zum Schluss, Volk Gottes meine die aus allen Völkern geeinte Kirche, die Catholica, aber auch die „sakramentale Leib-Christi-Gemeinschaft", also die Gemeinschaft derer, die Mahl feiern, Eucharistie halten. Zu dieser Gemeinschaft zählen die Juden nicht. Aber ohne das „Volk Jahwes" gäbe es die Kirche nicht. Bei den alten Griechen, schreibt Ratzinger 1961, „kommen die Männer zusammen, um zu beschließen, was zu geschehen hat, während das Volk Israel zusammenkommt, nicht um selbst zu beschließen, sondern um zu hören, was Gott beschlossen hat, und dazu ja zu sagen." Das beste Gegenmittel gegen die ungeliebte „Räte-Kirche", gegen Kirchenparlamente, Unterschriftenaktionen, Pastoralpläne ist ergo der Blick auf Israel – hört, ihr Christen, die Bibel, und schweigt, ehe ihr redet! Wiederum decken sich die Ziele von KIG und Ratzinger.

Noch ein zweites, ein historisches, weniger ein strategisches Faktum bedingt die Relevanz Israels für eine erneuerte Kirche. Traudl Wallbrecher und Joseph Ratzinger, geboren 1923 bzw. 1927, haben die Entrechtung des europäischen Judentums in deutschem Namen miterlebt. Laut Wallbrecher wurde die Shoah zum Gründungsimpuls des „Jungen Bundes" und später der Gemeinde in München. Die Psychologiestudentin, die nach dem Krieg als Krankenschwester ehemalige Häftlinge des Konzentrationslagers Dachau betreute, habe sich gefragt: „Wie konnte im christlichen Europa mit seinen katholischen Verbänden und Vereinen, den katholischen Jugendbewegungen, Schulen, Internaten das geschehen, was in den deutschen KZs geschehen war? Und das trotz eines Konkordates, das der Kirche doch so viel Einfluss garantierte oder versprach!"

Kurzum: Die institutionell breit abgesicherte Kirche war spirituell schwach, war feige im Angesicht der Diktatur gewesen. An den Institutionen und an der Spiritualität musste sich folglich sehr viel ändern, wollte man aus der Nazi-Herrschaft die richtigen Lehren ziehen. Diesen Neuanfang schrieb die Integrierte Gemeinde sich auf die Fahnen. Und als Traudl Wallbrecher 1965 in Israel einen Kibbuz besuchte, war die Entscheidung gefallen, dass ein wirklicher Neuanfang auch eine neue, gemeinschaftliche Lebensform braucht.

Im Februar 1994 nahm Kardinal Ratzinger an einer jüdisch-christlichen Tagung in Jerusalem teil. Seinen Vortrag über das Bild Israels im neuen katholischen Katechismus schloss er mit einem Appell. Juden und Christen sollten sich „in einer tiefen inneren Versöhnung gegenseitig annehmen". In dieser Versöhnung sollten sie „für die Welt zu einer Kraft des Friedens werden. Durch ihr Zeugnis von dem einen Gott, der nicht anders als durch die Einheit von Gottes- und Nächstenliebe angebetet werden will, sollten sie diesem Gott die Tür in die Welt hinein auftun, damit sein Wille geschehe und es so auf Erden wie im Himmel werden könne, damit Sein Reich komme." Christen und Juden, Juden und Christen sind die Hauptakteure bei der anti-utopischen, eschatologischen Umgestaltung der Welt. Wo sie gemeinsam zusammenarbeiten, wie es etwa seit 1995 im „Urfelder Kreis" der KIG geschieht, da wird die Erde ein kleines Stück himmlischer, wird die Welt ein klein wenig heil – sagt Ratzinger, sagt Wallbrecher, sagt Benedikt.

Der Papst ließ aufhorchen, als er sich in seiner Inaugurationspredigt ausdrücklich an die „Brüder aus dem jüdischen Volk" wandte, „mit dem wir durch ein großes gemeinsames geistliches Erbe verbunden sind, das in den unwiderruflichen Verheißungen Gottes seine Wurzeln schlägt". Wer das Wurzelwerk, das dem Wortsinne nach radikale Denken Ratzingers, für das er mit der KIG Gleichgesinnte ohne Beispiel fand, seit den fünfziger Jahren kennt, den wird diese Erwähnung des Judentums in der Mitte der ersten päpstlichen Botschaft an die Welt nicht überraschen. Am siebten Tag seines Pontifikats gratulierte Benedikt dem ehemaligen römischen Oberrabiner Elio Toaff zu dessen 90. Geburtstag. Er erinnerte an das Treffen von Toaff und Johannes Paul II. in der Synagoge zu Rom am 13. April 1986 und bekräftigte seine Bereitschaft, den Dialog voller Zuversicht fortzuführen.

Kontinuität bestimmte auch die erste Generalaudienz Benedikts. Wie sein Vorgänger werde auch er, Benedikt, Mittwoch für Mittwoch einen Psalm des Alten Testaments auslegen. Wenige Wochen später, Anfang Juni, traf er sich mit einer hochrangigen Delegation des „Jüdischen Komitees für interreligiöse Konsultationen". Benedikt bekräftigte seinen Willen, den vom

Zweiten Vatikanum und Johannes Paul II. eingeschlagenen Weg fortzusetzen. Die Wurzeln des Glaubens der Kirche seien in Abraham, Mose und den Propheten, dem gemeinsamen geistlichen Erbe, angelegt. „Die Geschichte der Beziehungen zwischen unseren beiden Gemeinschaften war komplex und oft schmerzhaft. Ich bin aber überzeugt, dass das geistliche Erbe, das Christen und Juden hüten, selbst die Quelle der Weisheit und Inspiration ist, die fähig ist, uns zu einer Zukunft der Hoffnung in Übereinstimmung mit dem Plan Gottes zu führen. Gleichzeitig bleibt die Erinnerung der Vergangenheit für beide Seiten ein moralischer Imperativ und eine reinigende Quelle in unseren Anstrengungen für Versöhnung, Gerechtigkeit, Respekt vor der Menschenwürde und dem Frieden, der letztlich ein Geschenk des Herrn selbst ist."

Wenn denn tatsächlich aus der Akademie in den Albaner Bergen, einer Bildungsstätte für Interessierte, eine Hochschule werden sollte, dann wird der Lehrkörper gleichermaßen aus Juden wie aus Christen bestehen – ein echtes Novum. Dann wäre aus schwierigen, hermetischen, wenn nicht gar dubiosen Anfängen und einer für Außenstehende schwer durchschaubaren Gegenwart eine Zukunft wahr geworden, die tatsächlich Funke der Hoffnung, Funke der Freude sein kann. Benedikt XVI. zweifelt nicht daran, und Traudl Wallbrecher schon gar nicht.

Als der Tee zur Neige geht, zeigt sie auf die Wand zwischen den Fenstern zur Isar, auf die die Sonne nun senkrecht fast scheint. Da hängt ein hölzernes Kruzifix, von grünen Zweigen gerahmt. Rechts davon steht eine kleine Figur: Abraham, der Stammvater des Judentums. „Er hört", sagt Traudl Wallbrecher. Links davon ist ein fragiler Angelhaken drapiert: Zeichen für die ersten Jünger, die Fischer waren, Symbol für die Menschenfischer, die zu sein Jesus ihnen aufgab. „Christus die Mitte von allem" lautete das Motto des heiligen Bonaventura, das Ratzinger sich zu Eigen machte.

Ein Wagen bringt den Gast zum Bahnhof. Heller wird es nicht an diesem Tag. Die Oberlandbahn lässt auf sich warten. Wie hieß es doch in diesem Kirchenlied? „Alles meinem Gott zu Ehren, in der Arbeit, in der Ruh!" Bald wird man ein Internat eröffnen. Bald wird der Kardinal als Papst die Villa im Olivenhain besuchen. Hieß es nicht auch, „Unser Leben sei ein Fest, Jesu Geist in unserer Mitte", hieß es nicht so in einem anderen Sonntagslied? Der Chor der Gemeinde sang im Dom zu Frascati den Psalm 85. „Segen gibt der Herr den Auen, und reiche Früchte bringt hervor das Land. Vor ihm her zieht Recht und Freude, und lauter Heil folgt seiner Schritte Spur." Lautlos fährt die Bahn ein. Schnell nimmt sie die Kurve. Heil, Heilung, Reinheit, Reinigung, Leben und Liebe, alles soll verknüpft werden durch die Menschen, in den Menschen, soll integriert werden im religiösen Gesamtkunstwerk, das in Bad Tölz seine Mitte hat. „Und so entstand eine freie Gesellschaft, oder vielmehr eine große Familie"? Erkennt man sie an ihren Früchten? Sind Angst, Not, Abhängigkeit wirklich umgeschmolzen in ein heiteres Schöpfertum? Wird man zurechtgerichtet, weil niemandem ein größeres Glück beschieden ist?

Vermutlich war die Katholische Integrierte Gemeinde eine Sekte oder trug zumindest sektenhafte Züge. Vermutlich ist sie jetzt – trotz aller Ambivalenzen, aller Geheimniskrämerei, aller Neigung zur universalen Problemlösung – jene „freie Gruppe im Raum der Kirche", als die sie Kardinal Döpfner 1976 bezeichnete. Sie war und ist aber der Ort, an den Benedikt XVI. denkt, wenn er träumt von einer mutigen, kreativen Minderheitenkirche, wie es sie nur einmal gab, damals in den Jahren nach Christi Tod und Auferstehung und Himmelfahrt, als alles ganz anders hätte kommen können, hätten diese ersten Christen nicht die Übermacht der Feinde durch ihre Hoffnung und ihre Eintracht besiegt. Wenn er träumt von Menschen, die ihr Menschsein direkt, Stunde um Stunde aus der Hand des Schöpfers unverdient zu erhalten glauben, von Menschen, deren Ja ein Ja, deren Nein ein Nein und deren Lebensweise ein einziger Gottesdienst, ein Gottesbeweis ist – dann denkt Benedikt XVI. an die Stunden in Bad Tölz, in München, am Walchensee, und vermutlich beginnt er zu lächeln.

Die Deutschen als Anti-Römer

Die Sehnsucht nach dem guten Deutschen

Selten waren sich Bischof und Papstkritiker und katholische Laien so einig. Ratzinger sei zwar zum Pontifex gewählt worden, doch einen Papst Ratzinger, ein Oberhaupt, das die Positionen des Glaubenswächters bruchlos fortführt, werde es nicht geben. Ratzinger, der Kluge, Ratzinger, der Pragmatiker, wisse das eine vom anderen Amt zu unterscheiden. Nun werde er sich als der entpuppen, der er schon einmal war und bestimmt gerne wieder wird: als liberaler Theologe mit Mut zu Reformen.

Karl Kardinal Lehmann, Bischof zu Mainz, erklärte mitfühlend, „der Mensch Joseph Ratzinger musste sich schon durch das äußerst schwierige Amt eines Präfekten der Glaubenskongregation etwas einschränken". Damit sei nun Schluss – als gäbe es ein einziges Amt auf dieser Erde, das eine größere Zurücknahme der Person verlangt als jenes des Pontifex maximus. Der Ratzinger der sechziger Jahre, so Lehmann weiter, könnte nun wiederkehren, die neue Aufgabe könnte ihm „eine ursprüngliche Weite seiner Persönlichkeit zurückgeben, die er durchaus hat". Lehmann hält es sogar gegen alle Wahrscheinlichkeit für denkbar, Benedikt XVI. werde das Verbot der Weihe von Frauen zu Diakonen „überdenken". Die österreichische Vertreterin von „Wir sind Kirche" verweist auf Ratzingers „frühere Schriften", aus denen sie die „Chance auf Veränderung" ableitet. Das Zentralkomitee der deutschen Katholiken begründet seine Hoffnung auf Überwindung des „Reformbedarfs" mit Ratzinger, dem Konzilstheologen.

Hinter diesen und sehr vielen ähnlichen Stimmen steckt eine Zweiteilung, die nicht unproblematisch ist. Den „guten", da weltoffenen Ratzinger gibt es ebenso wenig wie den „bösen", da engstirnigen Kurienkardinal. Sein theologisches Programm ist stärker von Kontinuitäten als von Brüchen geprägt. Eine horizontale Linie ist sein Bildungsweg nicht, aber eine abschüssige Bahn weit weniger. Man lese nur die große Rede, die Kardinal Frings am 20. November 1961, vor dem Vatikanum, in Genua über „Das Konzil und die moderne Gedankenwelt" hielt und deren eigentlicher Autor der 34-jährige Ratzinger war. Danach sollen sowohl der konservative Genueser Kardinal Giuseppe Siri als auch der reformfreudige Papst Johannes XXIII., der die schriftliche Fassung des Vortrags kannte, beeindruckt gewesen sein.

Ratzinger gibt zutreffend das Grundanliegen des Konzils wieder, den „Leuchter des Evangeliums" so neu aufzustellen, dass sein Licht „nicht unter den Scheffel veralteter Formen gerät, sondern unübersehbar all denen leuchtet, die im Hause unserer Gegenwart wohnen". Man brauche eine „neue Form der Verkündigung" für die gerade entstehende „Menschheitszivilisation". Man müsse aber auch, etwa auf liturgischem Gebiet, den nationalen Besonderheiten Rechnung tragen, den Ortsbischof aufwerten. Andererseits kritisiert er genauso scharf wie 40 Jahre später Kurienkardinal Ratzinger die „Selbstvergöttlichung des Menschen" durch Technik und Wissenschaft. Marxismus, Existentialismus und die „Flucht ins Liberale" lehnt er ab. Ein Jahr zuvor hatte er gefordert, das Christentum müsse wieder „dynamischer und ursprünglicher" werden.

Nicht Innovationen fordert er, sondern Originalität, eine Rückkehr zum Ursprung, die wie eine Neuerung wirken muss. Ursprünglicher werden heißt eben auch: So reden und so beten, dass die Menschen einen verstehen, den Anteil des Lateinischen in der Messe behutsam senken, in der Sprache von heute statt von vorgestern das ewig junge Programm verkünden, heißt auf die Menschen zugehen statt sie sich selbst überlassen, heißt für die Gemeinde, für den einfachen Gläubigen, nicht für den Klerus da sein. Von Kirchenvolksabstimmung und Dogmenrevision ist die Rede nicht.

Dennoch ist die Illusion, es gäbe diese beiden grundverschiedenen Ratzingers, höchst aufschlussreich. Außerhalb des deutschen Sprachraums erhofft man weder so inbrünstig eine Umkehr, eine Wende des Kardinals hin zu Standpunkten, die er, bei Lichte betrachtet, noch nie eingenommen hat, noch hält man so eisern fest an der Vorstellung, die Rolle eines Präfekten der Glaubenskongregation habe einen mitfühlenden Wesenskern überwuchert, habe den hinter Amt und Würden verborgenen „eigentlichen" Menschen entstellt. Was ist der tiefere Grund für diese Autosuggestion, der weite Teile der deutschen Öffentlichkeit und des deutschen Klerus verfallen sind?

Es gibt Zuspitzungen, Verschärfungen innerhalb der Doktrin Ratzingers, etwa da, wo das Verhältnis zwischen Ortskirche und Rom tangiert wird, oder, wie wir noch sehen werden, auf dem Gebiet der Liturgie und der akademischen Freiheit. Der Riss aber, der angeblich durch den Menschen Ratzinger und dessen Programmatik hindurchgeht, ist eine Konstruktion, auf die die Christen in Deutschland das Urheberrecht haben. Sie resultiert aus der deutschen Nationaldisziplin, dem Klassifizieren und Kategorisieren – die Guten ins Töpfchen, die Bösen ins Kröpfchen –, das auch dadurch nicht fundierter wird, dass Ratzinger selbst, der empfindliche Polemiker, dazu neigt.

Die beiden Schubladen lauten nicht nur auf die Namen fortschrittlich und ewiggestrig, liberal und konservativ – wobei selbst diese Etikettierung sich demontiert, denn kann ein „Ewiggestriger" je anders gewesen sein als gestrig? Kann man sich zum Ewiggestrigen entwickeln? Die vermeintliche Schizophrenie speist sich aus einer typisch deutschen und keineswegs rein zufälligen, rein egozentrischen Sehnsucht: der in den letzten Jahrzehnten stark gewachsenen Sehnsucht nach dem guten Deutschen, dem Vorzeigedeutschen, der seine Heimat im Ausland so vertritt, wie diese sich, vor allem seit der Wiedervereinigung, gerne sieht, charmant, gewandt, polyglott. Ein konzilianter Weltmann auf dem Papstthron, ein christlicher Dalai Lama, vielleicht auch ein geistliches Pendant zum Kaschmir-Kanzler Gerhard Schröder, ein möglichst undeutscher Deutscher, der gerade dadurch zum Bild taugt eines idealen Deutschland: Ein solcher Pontifex wäre nach dem Geschmack der Deutschen. Daraus folgt, dass das hartnäckige Insistieren auf dem zweigeteilten Ratzinger Ausdruck eines ganz anderen Dualismus ist.

Dieser Dualismus besagt: Der Konzilstheologe, der den deutschen Bischöfen zum Teilsieg über die Fraktion um den berühmt-berüchtigten Traditionalisten Alfredo Ottaviani, den Präsidenten der Theologischen Kommission, verhalf, war in bestem Sinne ein Deutscher; er erfüllte die auf die Vergangenheit zurückprojizierte Fiktion, Deutschland sei ein Hort des Fortschritts, der Aufklärung, der Toleranz. Der Münchner Erzbischof hingegen mit seinen bekannt guten Kontakten nach Rom und vollends der Präfekt der Glaubenskongregation habe mit diesem idealisierten Selbstbild Deutschlands gebrochen, sei erst innerlich, dann auch räumlich und institutionell ausgewandert, sei gewissermaßen unter dem Einfluss der römischen Sonne zum eigentlich undeutschen, zum „hässlichen" Deutschen mutiert. Nun sitzt und saß er da und macht und machte seiner Heimat keine Ehre. Wäre er noch so, wie er angeblich einmal war, dann hätte ein scharfer Papstkritiker den Papstthron bestiegen, und erst dann wäre man so richtig stolz auf ihn, den Reformator der Kirche aus deutschen Landen.

Joseph Ratzinger war schon immer ein „Römer" in dem Sinne, wie nach Henri de Lubac jeder Katholik ein Römer sein muss, weil Rom die weltumspannende katholische Gemeinschaft bündelt. Eine sehr lange Tradition hat jenes deutsche

Selbstbewusstsein, das seine Legitimation aus der Ablehnung des Römischen bezieht. Papismus oder Nation, Vaterland oder katholische Internationale – diese Alternativen würde niemand mehr so klar benennen, doch als geistiger Unterstrom bleiben sie präsent. „Jede ist sich selbst Papst genug", stand in der „Zeit" zu lesen, und damit war keineswegs eine protestantische Sondermeinung formuliert. Deutschland ist sich selbst genug; das gilt in weiten Teilen noch immer. Die vatikanische Kränkung schmerzt. Das 19. Jahrhundert, in dem diese Auseinandersetzung kulminierte, lebt fort bis heute.

Ultramontane, Deutschkatholiken und die protestantische Nation

„Der Begriff von einer allgemeinen, von einer alleinseligmachenden, von einer unfehlbaren Kirche, ist dem freien Gebrauche des menschlichen Verstandes im höchsten Grade hinderlich", schrieb 1781 der deutsche Aufklärer Christoph Friedrich Nicolai. So lautete der intellektuelle Konsens des späten 18. Jahrhunderts. Da die katholische Kirche bis zum Ende des Heiligen Römischen Reichs deutscher Nation im Jahre 1806 dessen gewichtige Stütze war, verwundert es nicht, dass sie als Haupthindernis auf dem Weg zur Erlangung individueller Freiheitsrechte galt. Auch in der Kirche selbst hatte längst eine katholische Aufklärung begonnen, wandelten Bischöfe und Priester auf den Spuren Kants und Descartes'.

Der Trierer Weihbischof Johann Nikolaus von Hontheim schrieb 1763 unter dem Pseudonym Febronius die flammende Reformschrift „Über den Zustand der Kirche und die rechtmäßige Gewalt des Pontifex". Der so genannte Febronianismus fand, obwohl von Hontheim 1778 offiziell widerrufen musste, bis ins 19. Jahrhundert hinein viele Anhänger, die wie er – und wie 200 Jahre später das Gros der deutschen Katholiken – eine Eindämmung der päpstlichen Machtfülle und eine Aufwertung der Laien forderten. Das stilistisch glanzvollste Dokument römischen Widerspruchs ist die Schrift „Il trionfo della Santa Sede e della Chiesa", „Der Triumph des Heiligen Stuhles und der Kirche", das der junge Mönch Bartolomco Cappellari 1799 verfasste. Als Gregor XVI. sollte Cappellari einer der Begründer der ultramontanen, extrem papsttreuen Bewegung werden.

Nach dem Ende des Deutschen Reiches mussten die ihrer Privilegien und Territorien beraubten Bischöfe auf dem Wiener Kongress neu um Anerkennung und Macht ringen. Dabei helfen sollte der Versuch, im Rahmen eines Reichskonkordats eine katholische deutsche Nationalkirche zu errichten, der ein deutscher Primas vorstehen sollte. Motor dieser Bemühungen war Heinrich Ignaz von Wessenberg, der Vertreter des Mainzer Erzbischofs Karl Theodor von Dalberg. Unter Wessenberg, der ab 1817 ohne päpstliche Bestätigung dem Bistum Konstanz vorstand, wurde in offenem Gegensatz zum Papst die „christkatholische Gottesverehrung" eingeführt, eine entschlackte Form der Messe, mit weniger Kirchenschmuck und Heiligenbildern, dafür aber Liedern, Gebeten, Predigten auf Deutsch – eine liturgische Revolution 150 Jahre vor dem Zweiten Vatikanum. Für Rom hatten die Erben Luthers damit wieder einmal ihren Ruf als notorische Neuerer und Sektierer bestätigt.

Wessenberg verstand sich als Aufklärer. Er wollte, wie der katholische Historiker Franz Schnabel urteilt, „die Kirche auf die Höhe des Jahrhunderts heben". Für die Pläne zur Gründung einer Nationalkirche, um der „deutschen Eigenart" Genüge zu tun, hat Schnabel indes kein Verständnis; hier „fand die deutsche individualistische Sucht nach Vereinzelung, nach Absonderung und doktrinärem Eigenleben ein dankbares Feld". Genauso hat man auch im Vatikan den deutschen Ehrgeiz bewertet. Andererseits, betont Schnabels späterer Fachkollege

Karl-Egon Lönne, war es „für die innere Entwicklung des Katholizismus unerlässlich und förderlich, dass er Impulse der Aufklärung aufnahm und für sich fruchtbar zu machen versuchte".

Die entscheidende Frage war wieder einmal die nach der Angemessenheit der Mittel: Wo macht sich der Glaube mit der Welt gemein, und wo verschließt er sich allzu ängstlich vor ihr? Es ist dieselbe Frage, die heute zur Debatte steht, wenn von der Kirche Reformen eingefordert werden und der Papst als derjenige erscheint, der die Zeichen der Zeit nicht erkennen will.

Wessenbergs Plan scheiterte, die Nationalkirche wurde nicht gegründet, der Kirchenstaat aber wiederhergestellt, und für ihn persönlich ging es bergab. Der Vatikan löste 1821 das Bistum Konstanz auf. Die Ultramontanen bekamen Oberwasser. In Zeitschriften wie „Der Katholik", gegründet 1821, oder den 1838 erstmals erscheinenden „Historisch-politischen Blättern für das katholische Deutschland" forderte man Papsttreue. „Wer nicht so lehrt wie die allgemeine Kirche mit ihrem sichtbaren Oberhaupt, den halten wir für einen Glaubensspalter", hieß es in der Verlagsankündigung für den „Katholik", der eine „Religiöse Zeitschrift zur Belehrung und Warnung" sein sollte. Zu warnen gab es genug.

1835 hatte Papst Gregor XVI. die Anweisung „Dum acerbissimas" veröffentlicht, der zufolge die Bonner Studenten nicht mehr die Vorlesungen in der Nachfolge des 1831 verstorbenen Dogmatikers Georg Hermes besuchen sollten. Der „Hermesianismus" war ein Versuch, katholische Theologie und Kants Philosophie zu verbinden. Auch sollten laut Gregor XVI. gemischtkonfessionelle Ehen nur dann kirchlich gesegnet werden dürfen, wenn die Kinder katholisch erzogen würden. Die Ehepastoral also, ein schon immer heikles Feld, und die Verquickung von Staat und Kirche an den Hochschulen sorgte für die große Kollision. Der neue Kölner Erzbischof Clemens August von Droste-Vischering erklärte, sich an die päpstlichen

Weisungen zu halten. Preußen hingegen, in dessen Gebiet Köln lag, hatte ein Interesse, dass die Ehen seiner Untertanen in keinem Fall ohne kirchlichen Segen blieben, der Staatsfriede stehe auf dem Spiel. Kurzerhand wurde am 20. November 1837 Bischof Clemens August von Droste-Vischering verhaftet. Das „Kölner Ereignis" bewirkte das Gegenteil des Erhofften. Es löste eine breite katholische Volksbewegung aus. Der Staat musste schließlich klein beigeben. Der Kulturkampf war da. Joseph Görres landete kurz darauf mit der Streitschrift „Athanasius" einen Überraschungscoup. Er verglich den standfesten Kölner Bischof mit dem frühkirchlichen Märtyrer, polemisierte gegen „Irrlehren, Störungen und Aftergebilde in der Societät neuerer Zeit" und ging – ganz auf der Linie Gregors XVI. – so weit zu behaupten, der Kirche seien „die Fundamente des Staates anvertraut". Einzig die „katholischchristliche Weltanschauung und Welterfassung" gewährleiste die Stabilität des Zusammenlebens. Führende Protestanten wie Gutzkow, Jahn und Arndt nahmen Partei für einen Staat, der mit der Einkerkerung von Droste-Vischerings ganz offensichtlich das Recht gebrochen hatte. Auch dieser Trend wird sich als Konstante bis in die erste Hälfte des 20. Jahrhunderts erweisen: Die evangelischen Christen, auf nationaler wie regionaler Ebene organisiert, stehen im Zweifelsfall mehrheitlich ebenso sicher an der Seite des Staates wie die Katholiken ihm mehrheitlich gegenüber. Katholiken blieben in höheren Beamtenpositionen lange die Ausnahme.

Munter ging der konfessionelle Streit in die nächste Runde, und immer deutlicher sichtbar wurde als dessen Kern die Frage nach dem, was deutsch sei. Kann man Deutscher sein und zugleich Katholik? Für viele Protestanten schloss sich das aus. Auch als Reaktion auf solche Vorwürfe, etwa den des nationalliberalen Historikers Heinrich von Sybel, die Ultramontanen bezweckten „die Unterwerfung des Staates unter die Kirche, die Beherrschung desselben durch die Kirche und somit die Auflösung und Vernichtung des Staates durch die Kirche", bildete sich der so genannte Deutschkatholizismus.

Unmittelbarer Auslöser war die Wallfahrt zum Trierer „Heiligen Rock" im Jahr 1844 gewesen, an der eine halbe Million Katholiken teilnahmen. Angewidert wandte sich der katholische Priester Johannes Ronge von diesem Reliquienkult ab. Die nicht enden wollenden Pilgerströme waren für ihn ein Produkt des römischen Geistes, der unfrei mache. Künftig sollten „nicht die romanischen, sondern die teutonischen Nationen die Hauptvertreter der Religion der Humanität werden". Für ihn war nun in der katholischen Kirche kein Platz mehr. Er wurde exkommuniziert. Aus dem Deutschkatholizismus gingen die bis heute vor allem in Südwestdeutschland aktiven, humanistisch-säkular, ja antikirchlich geprägten freireligiösen Gemeinden hervor – wiederum eine Kirchenspaltung, dachte man sich in Rom, von einem Deutschen angezettelt.

Auch zur Abwehr der Deutschkatholiken gründete im März 1848 ein Mainzer Domkapitular den „Piusverein für religiöse Freiheit", einen Vorläufer des Zentralkomitees der deutschen Katholiken. Am Anfang des sich zunehmend papstkritisch und national definierenden Laiengremiums stand also das ausdrücklich ultramontane, propäpstliche, nationalkritische Bekenntnis. Der Weltgeist, ließe sich frei nach Hegel sagen, hat Humor.

Mit jeder neuen katholischen Initiative verschärften sich die Angriffe der Protestanten. „In Deutschland", schreibt der Historiker Karl Buchheim, „war diese Gegnerschaft die allerbitterste". Rudolf Lill ergänzt, ebenfalls von katholischer Warte aus, die protestantischen Nationalliberalen seien die „überzeugtesten Kulturkämpfer gewesen. Solche prinzipielle Unbedingtheit haben sich die Liberalen in Italien wie in Österreich nicht angeeignet." Die Reichsgründung von 1871 verstetigte den Kampf. Die Hohenzollern verstanden das im Krieg geborene Reich als eine protestantisch-norddeutsch geprägte Kulturnation und sich selbst ganz ausdrücklich als Kaiser von Gottes und nur von Gottes Gnaden.

In einem „Charakterbild" Wilhelms II., allerdings erst 1904 erschienen, lesen wir: „Dem Leitsatz der Hohenzollern, ‚Ich und mein Haus wollen dem Herrn dienen', ist er zu allen Zeiten treu geblieben. Stets war er ein gläubiger Christ und ein überzeugter Protestant, und er lässt an dem Bekenntnis zur evangelischen Lehre auch unter dem ergreifenden Einfluss der katholischen Mystik sich nicht beirren. Darum hat er immer wieder und gerade dann, wenn der Siegesjubel des Klerikalismus am hellsten erklang, sich zu dem Reformator bekannt."

Doch sage niemand, der Vatikan habe es seinen Verächtern schwer gemacht, Argumente wider ihn zu finden. Die Aufklärung hatte viel zu starke Wurzeln geschlagen, als dass die Dokumente der Jahre 1854, 1864 und 1870 in Deutschland ohne wütenden Widerhall hätten bleiben können. Die Ultramontanen befanden sich langsam, aber kontinuierlich auf dem Rückzug, und jedes der drei Donnerworte aus dem Petersdom brachte sie weiter in die Defensive. Erst verkündete Pius IX. das Dogma von der unbefleckten Empfängnis Mariens – dem Inhalt nach alles andere als ein Skandal, liegt der Überzeugung, Maria sei ohne Erbsünde zur Welt gekommen, doch eine lange kirchliche Tradition zugrunde. Das Dogma war jedoch das erste, das ein Papst allein, ohne konziliare Beratung, festgesetzt hatte und durch das er damit faktisch seine Unfehlbarkeit behauptete. Ausgesprochen wurde das Dogma von der päpstlichen Unfehlbarkeit in Fragen der Glaubens- und Sittenlehre am 18. August 1870 auf dem Ersten Vatikanum. Fast alle deutschen Bischöfe waren dagegen. Um die Annahme aber nicht zu gefährden, verließen sie still und etwas beschämt im Juli das Konzil.

Dazwischen lag 1864 die der schroffen Tendenz nach an Gregors XVI. Enzyklika „Mirari vos" von 1832 unmittelbar anschließende Antimodernismus-Enzyklika „Quanta cura". Ihr war der berühmte „Syllabus errorum" beigegeben, eine Liste von 80 „Irrlehren". Weithin wurden „Quanta cura" und der Syllabus als Generalangriff der Kirche auf die Gegenwart, auf Pluralismus, Demokratie, Meinungs- und Religionsfreiheit verstanden. Der Syllabus zeigte, dass Rom und die Moderne in zwei weit entfernten Welten lebten, in denen keiner von der Existenz des jeweils anderen etwas wissen wollte.

Mit Syllabus und päpstlicher Unfehlbarkeit auf der einen, der protestantisch geprägten Reichsgründung auf der anderen Seite erreichte der Kulturkampf eine neue Qualität. Nun schien endgültig der Beweis erbracht, dass das verknöcherte römische Wesen am deutschen Geist genesen musste. Schon 1866, steht in den „Historisch-Politischen Blättern" der Brüder Joseph und Guido Görres zu lesen, habe der Rektor der Universität Greifswald zum Krieg Preußens gegen Österreich aufgerufen, weil dort „der starke päpstliche Katholizismus die Freiheit der Gedanken hindert", und nun, 1871, kannte der protestantische Triumph keine Grenzen.

„Die Zeiten der Kreuzzüge und der Romfahrten sind vorüber auf immer", posaunte Heinrich von Sybel. Er verwies auf das Unfehlbarkeitsdogma und den Syllabus, die im Deutschen Reich nun niemand mehr zu fürchten brauche, denn: „Der Kaiser ist selbst protestantischen Glaubens wie die Mehrheit seines Volkes." Im selben Jahr schrieb der evangelische Kirchenrechtler und Kulturkämpfer Emil Friedberg dem Reich ein Grundsatzprogramm. Die Katholiken, diese „vaterlandslosen Männer, die alle ihre Interessen in die Kirche verlegen", müssten zur Kenntnis nehmen, dass „unser deutsches Kaiserreich nicht heilig und nicht römisch" sei und dass der „notwendige Feldzug gegen die Kirche" schlicht dem „Nationalgefühl" entspreche.

Ein Jahr später, 1872, fassten Michael Baumgarten und Johann C. Bluntschli zusammen, was Gemeingut war in diesen konfessionell so dramatisch erhitzten Tagen. Der evangelische Theologe Baumgarten lobte den „Protestantismus als politisches Prinzip", kraft dessen die „Mächte des Aberglaubens" besiegt würden. Gerade die Katholiken müssten den Lutheranern dankbar sein, da sie auf diese Weise „von ihrem staatsfeindlichen Ultramontanismus" befreit würden. Nur so könne „die sittliche Wiedergeburt unseres Volkslebens" gelingen, die aus dem Kaiserreich eine „Vorstufe zu dem Reiche Gottes" mache. Wieder also hatten die Joachimisten in Deutschland Hochkonjunktur, wieder sollte durch eine menschliche Tat das irdische Paradies herbeigezwungen werden – und wieder hätte man mit Bonaventura (und später dann Ratzinger) erwidern können: Pfuscht dem Schöpfer nicht ins Handwerk, wartet auf die gottgeschenkte Sabbatruhe.

Johann C. Bluntschli, schweizerisch-deutscher Staatstheoretiker aus Heidelberg, deutete die Geschichte nach einem strikt antagonistischen Prinzip. Der heilige Augustinus sah im Dasein ein stetes Ringen zwischen Civitas terrena und Civitas dei, zwischen der Gemeinschaft der Gottfernen, der Heiden, und der Gemeinschaft der Gottesfürchtigen. Im zwölften Jahrhundert nahm der Freisinger Bischof, Mönch und Historiker Otto diese Zwei-Reiche-Lehre zur Grundlage seiner Weltchronik. Der Freisinger Theologiestudent Ratzinger ging täglich am Denkmal des Otto von Freising vorbei.

Ebenso konsequent schied nun Bluntschli die Guten von den Bösen, die wahren Christen von den Verrätern des Christentums, die Protestanten also von den Katholiken. „Seit bald zweitausend Jahren wird das Leben der europäischen Nationen hauptsächlich von zwei Mächten bewegt. Wir können die eine den Geist Roms nennen und die andere den germanischen, insbesondere den deutschen Geist. Indem sich das Christentum mit dem Geiste Roms verbindet, wird es ein anderes, als indem es von dem deutschen Geiste aufgenommen wird." Das römische, gänzlich unfreie, hasserfüllte Christentum beanspruche die Weltherrschaft, seine deutsche Variante stehe für Fortschritt, Freiheit, Wissenschaftlichkeit. Deshalb müsse und werde der „vielleicht letzte und größte Weltkampf" mit dem Sieg des deutschen Geistes enden, ja die Deutschen seien von Gott berufen, sich wie Luther dem „römischen Cäsarenwahnsinn" in den Weg zu stellen. Die Menschheit werde folgen. „Wir wissen mehr, als Rom und der Papst weiß, sehr viel mehr. Die Philosophie und die Naturwissenschaft, die Kritik und die Geschichte haben so Großes geleistet, wie es die mittelalterliche Theologie, die heute noch in dem römisch erzogenen Klerus herrscht, nie vermocht hat. Der wissenschaftliche Mensch von heute schaut von der sonnenbeglänzten Höhe eines Berggipfels herab auf die dunklen, nebelumhüllten Schluchten, in denen der römische Klerus von seiner Größe träumt. Er wird sich nie wieder von diesem beherrschen lassen."

Wohl jedes Zeitalter dünkt sich dem vergangenen überlegen. Natürlich stimmt es, wenn Bluntschli die Widerstände gegen die neuen wissenschaftlichen Methoden dem Vatikan in Rechnung stellt. Doch selten hat sich so nackt, so roh der Ehrgeiz ausgesprochen, romtreuen Katholiken die Teilhabe am, wie es heute hieße, nationalen Diskurs zu verweigern. Derselbe zähe Vorbehalt artikuliert sich im 21. Jahrhundert, wenn etwa in bioethischen Fragen eine Position um so leichter diskreditiert werden kann, je näher sie den Verlautbarungen des Vatikans steht. Die Herkunft des Arguments, so scheint es, enthebt der Mühe, sich damit auseinanderzusetzen. Auch Bluntschli, Baumgarten, Friedberg und Kollegen tadelten die durchaus tadelnswerten römischen Direktiven vor allem deshalb, weil sie dahinter eine perfide Taktik vermuteten zur Erlangung der Weltregentschaft, den Versuch, Deutschland unter geistige Fremdherrschaft zu bringen. Und da verstanden sie keinen Spaß.

Aber waren die Katholiken samt und sonders ultramontan gesinnt? Steckten die Priester ihnen Sonntag um Sonntag nach der Beichte kleine Zettel zu, auf denen haarklein aufgelistet war, welche staatsbürgerliche Pflicht sie am Montag verweigern, welche politische Tat sie am Dienstag, welche geistige sie am Mittwoch verrichten sollten? Keineswegs. Bluntschli erwähnt in seiner Broschüre „Rom und die Deutschen" lobend die deutschen Katholiken, die als einzige „mit Mut und Ernst" dem Papst die Gefolgschaft verweigert hätten. Er hatte wohl die schweigend gegen das Unfehlbarkeitsdogma protestierenden Bischöfe und den Kreis um Ignaz Döllinger vor Augen.

Der hochgeschätzte Münchner Theologe und Stiftspropst hatte 1838 Joseph Görres, den Vorkämpfer der Ultramontanen, bei dessen Arbeit am „Athanasius" unterstützt. Schnell trennten sich ihre Wege. Döllinger befürwortete eine „deutsche katholische Kirche" unter einem eigenen Primas. Die neuen Dogmen von 1854 und 1870 lehnte er ab. Wie die Kulturkämpfer der Gegenseite interpretierte er die Unfehlbarkeit als eine „Theorie der Weltherrschaft". Im April 1871 wurde er exkommuniziert. Damit war der Startschuss gegeben für die Gründung der „Altkatholischen Kirche", deren Münchner Zentralkomitee er angehörte und deren „Bonner Unionskonferenzen" er 1874 und 1875 leitete. Die Altkatholiken, die heute in Deutschland, der Schweiz und den Niederlanden tätig sind, gestatten das Frauenpriestertum, haben den Pflichtzölibat abgeschafft und sind mit den Anglikanern uniert. Nach Luther und Ronge stand somit abermals ein deutscher, ehemals römisch-katholischer Theologe an der Wiege einer neuen Glaubensgemeinschaft. Auch deshalb schien es vor Ratzinger absolut undenkbar, dass ein Deutscher, römisch-polemisch ausgedrückt: ein halber Protestant mit Lust am Sektierertum, den Stuhl Petri bestieg.

Der preußische Staat rückte nach dem kulturkämpferischen Höhepunkt, den vier Mai-Gesetzen von 1873, mit denen die

Kirche einer totalen staatlichen Kontrolle unterworfen, ein Königlicher Gerichtshof für kirchliche Angelegenheiten installiert wurde, jede Priesterernennung verhindert, jeder Geistliche abgesetzt und des Landes verwiesen werden konnte, von seiner harten Linie ab. Protestantisch geprägt blieben das Reich und dessen erinnerte Geschichte gleichwohl. Weiterhin gab es innerkatholische Abspaltungen wie etwa 1897 die von dem österreichischen Antisemiten Georg Ritter von Schönerer begründete „Los-von-Rom-Bewegung", die dazu aufrief, die römisch-katholische Kirche namens eines pangermanischen Ideals zu verlassen und den Altkatholiken oder Protestanten beizutreten. Seinen Frieden mit dem Vatikan schloss Preußen 1929 durch das Konkordat.

Papstkritik, Romkritik wirkten bis in die Zwischenkriegszeit fast wie eine Zugangsberechtigung zur gesellschaftlichen Elite. Trotz der Wahlerfolge der katholischen Zentrumspartei in der Weimarer Republik verbot sich ein allzu offensives Eintreten für die vatikanische Lehre gleichsam von selbst. Der Vorwurf, wer die Enzykliken und Apostolischen Schreiben „nachbete", gebe sein Gehirn an der Garderobe ab, war und ist mehrheitsfähig. Der Beginn der Nazi-Diktatur belegte dann jedoch die traurige Wahrheit, dass manche Protestanten nur zu gerne den Schulterschluss mit den Machthabern suchten. Viele Feiglinge und wenige Helden, viele Mitläufer und viel zu viele Täter gab es in jeder Kirche. Doch durch die Kontinuität der protestantischen Reichsidee hielten die „Deutschen Christen" das passgenaue Instrument in Händen, mit dem sie Nation und Bekenntnis abermals zusammenfügen konnten. Auch ein altkatholischer Pfarrer und späterer Bischof nutzte die Gunst der Stunde und sprach 1931 aus: „Wer bei Rom zu Gaste geht, stirbt daran." Vom römischen Katholizismus ob dessen Staatsferne enttäuschte Katholiken sollten doch zu den Altkatholiken übertreten. Nazis seien willkommen.

Viele Bücher bezeugen diesen trüben Zusammenhang, darunter ein 1936 erschienenes Pamphlet über den „protestantischen Auftrag des deutschen Volkes". Der 35-jährige Herbert Grabert, Mitarbeiter des aus der evangelischen Jugendbewegung stammenden Gründers der „Deutschen Glaubensbewegung", des Tübinger Religionshistorikers Wilhelm Hauer, schwadronierte über „Notwendigkeit und Aufgabe einer deutschen Glaubensgeschichte". Luther habe als Erster sich „mit unerhörter Kühnheit und mit der Unbedingtheit des gottvertrauenden Menschen von der römischen Papstkirche" gelöst. Unvollendet sei sein Werk geblieben, da die evangelische Kirche das Sündenbewusstsein nicht zu überwinden wusste und Gott über Jesus Christus vergaß. Nun aber, durch die „nationalsozialistische Weltanschauung", die gerade kein Neuheidentum sei, kämen die „protestantischen Urkräfte" in der „deutschgläubigen Bewegung" endlich zum Durchbruch.

Nazis als die eigentlichen, die besseren Protestanten, ein Glaube ohne Christus, der sich Gott unmittelbar verbunden wähnt: Nur mit dem Namen noch hat diese Deutschgläubigkeit etwas mit der Reformation gemein, aber dass eben an diesem Namen festgehalten wurde, dass man nur mit ihm die Pseudo-Religion glaubte rechtfertigen zu können, zeigt schlagend, wie wirkmächtig die Engführung von deutscher Nation und protestantischer Religion noch immer war.

Und heute? Ist der antirömische Effekt weiterhin konstitutiv für das deutsche Selbstbewusstsein? Er ist es, doch er hat seine konfessionelle Färbung eingebüßt. Natürlich gibt es überzeugte Protestanten, die mit hohem intellektuellen Aufwand genuin protestantisch gegen Rom argumentieren. Es gibt Katholiken, die ihre spezifisch reflektierte Katholizität durch eine Skala fein abgestufter Vorbehalte gegen das Papsttum an sich definieren. Ausnahmen sind beide. Die wahre Ökumene besteht darin, den Papst als religiöses Oberhaupt, als geistliche Kapazität zu

„respektieren", also ihn gerade in seiner religiösen Funktion, der Funktion des Hirten, der vorangeht, abzulehnen. Johannes Paul II. war für Kirchenferne und damit für die große Mehrheit wie für die Nennchristen deshalb so attraktiv, weil er immer einen ästhetischen und damit konsensfähigen Mehrwert lieferte. Man konnte ihn bewundern und dennoch Anti-Römer bleiben. Benedikt XVI., ebenso freundlich, ebenso bescheiden, will eine solche Bewunderung nicht. Er will, dass die Botschaft, die er weiterträgt, gehört und befolgt wird. Er will ganz ausdrücklich die Unterscheidung, nicht die Vermengung der Geister. Seine ersten Reden deuten darauf hin, dass ihm die Schärfung der katholischen Präsenz gelingen könnte. Falls dem auf lange Sicht so sein sollte, dann wird Harald Schmidt künftig andere Witze erzählen müssen.

Der einstige Kabarettist, einstige Kirchenmusiker, einstige Ministrant, jetzige Mittwochs- und Donnerstagsabend-Alleinunterhalter und montägliche Zeitschriftenkolumnist meldet sich bei kirchlichen Themen gerne zu Wort. Die Grundbedingung seiner Witze ist der Ironieverdacht. Sätze, die man durchweg für ernst gemeint hält, reizen nicht oder erst mit gehörigem zeitlichen Verzug zum Lachen.

Nach Ratzingers in Deutschland reihum abgelehnter Erklärung „Dominus Jesus" schrieb Schmidt im September 2000, es sei alles wahr, was da stehe, natürlich sei die katholische Kirche die einzig wahre, das aber „öffentlich zu behaupten ist seit einiger Zeit etwas unmodern, denn der schlichte Katholik ist leicht verunsichert und froh, wenn er nicht allein in der Kirche sitzt". Meint der Schmidt das etwa ernst?

Nach Ratzingers Wahl schrieb Schmidt zum Thema Frauenpriestertum, „bisher lief's doch auch nicht schlecht. In Sachen Pfarrerin sollte sich die katholische Kirche auch für die nächsten 2000 Jahre noch Gestaltungsmöglichkeiten offen halten." Zum Thema Kirchenreform: „Irgendwie sind zwar bei den Reformierten die Kirchen noch leerer, aber wir Katholiken müssten nach Reformierung anbauen." Lehnt der Schmidt etwa Reformen ab?

Die Wahrscheinlichkeit ist groß, dass der schlaue Schwabe alle Aussagen genau so meint. Doch 2000 konnte man sich da nicht sicher sein. Vielleicht, dachte man, war die Solidarität mit Ratzinger nur die ultramontane Tarnung des antirömischen Effekts. So dachte man und lachte. Fünf Jahre später, angesichts eines Papstes, dem es völlig ernst ist mit den von Schmidt zustimmend referierten Punkten und der diesen Ernst nicht ästhetisch abmildern will, ist aus dem Witz ein Kommentar geworden. Man weiß, wofür Ratzinger steht, und man weiß, dass seine Standpunkte gegen eine Kritik, die diese Standpunkte bloß referiert, immun sind. Mit dem Gestus des Selbstverständlichen, mit dem wohlfeilen Beifall und der kuscheligen Zufriedenheit ist es vorbei. Begründungspflichtig sind Papsteuphoriker und Papstkritiker geworden.

Es bleibt spannend. Es wird unironischer.

Benediktinische Ganzheitlichkeit

Ratzingers Aufstand gegen die Akademien

„In jener Zeit hob Jesus an und sprach: Hochpreise ich dich, Vater, Herr des Himmels und der Erde, dass du dies vor Weisen und Klugen verborgen, Unmündigen aber enthüllt hast. Ja, Vater du, so hat es Gefallen gefunden vor dir. Heran zu mir alle, ihr Mühenden und Überbürdeten: Ich werde euch aufatmen lassen. Mein Joch nehmt auf euch und lernt von mir. Denn: Sanft bin ich und von Herzen niedrig, und ihr werdet Aufatmen finden für euer Leben. Mein Joch ist ja gut, und meine Bürde ist leicht."

Die kurze Stelle aus dem Matthäus-Evangelium führt zu einem für Ratzinger wie seine Kritiker zentralen Anliegen: die Botschaft Christi gerade den Ungebildeten verkünden. Ratzinger, in Kirche und Universität ein intellektuelles Wunderkind, mag sich am Schreibtisch am wohlsten fühlen. Ausführlich hat er dargelegt, dass das Christentum seine anfängliche Stärke daraus bezog, dass es die griechische Philosophie, nicht die antiken Religionen aufnahm und transformierte. Genuin christlich sei die Synthese von Vernunft, Glaube und Leben. Doch am Schreibtisch entstanden zahllose Appelle, bei aller Freude am Disput nicht die vielen Christen ohne Hochschulabschluss zu vergessen. Der Glaube dürfe nicht unnötig verkompliziert werden.

Er selbst befolgt diesen Aufruf insofern, als seine Veröffentlichungen und Predigten eine für deutsche Akademiker erstaunlich niedrige Fremdwortrate aufweisen und eine verblüffend kurze durchschnittliche Satzlänge. Dennoch bleibt der Zwiespalt bestehen. Wo endet die Notwendigkeit der Differenzierung und beginnt eine unreflektierte Frömmigkeit? Theologen sind Wissenschaftler, die sich selbst dann, wenn sie Priester sind, ungern auf pastorale Zusatzdienste verpflichten lassen. Sie sprechen in den Kreis der Wissenschaftler hinein und erhalten aus diesem Kreis ihre Rückmeldungen. Genau diese zirkuläre, damit tendenziell auch hermetische, in sich vollendete Kommunikationsstruktur wirft der Kurienkardinal den deutschen Theologen vor – und zwar vor allem den deutschen, da diese im Gegensatz fast zum Rest der Welt mehrheitlich an staatlichen Universitäten, in weltlichem Umfeld also, wirken und dort, so sieht es Ratzinger, besonders streng auf ihre Unterscheidbarkeit achten sollten.

Mit seiner zuweilen, etwa in einem Fernsehinterview Ende 2000, sehr heftig geäußerten, in das Zitat eines ungenannten mitteleuropäischen Bischofs gekleideten Abscheu gegen die „Arroganz der Intellektuellen", die für „das Leiden des einfachen Volkes" keinen Blick hätten, mit seinem Anspruch, „die Gelehrten sollten sich doch am Volk messen", der Glaube sei „nicht zuerst ein Nährstoff für intellektuelle Experimente", steht Ratzinger nicht allein. „Für mich gibt es keine größere Sünde, als die Kleinen zu verachten", sagte ein anderer Theologe, mit dem sich der Kardinal gut verstehen müsste. Das Gegenteil ist der Fall. Dieser Satz stammt von dem ehemaligen Bischof von Évreux, Jacques Gaillot, dem Johannes Paul II. im Jahr 1995 das Bistum entzog.

Gaillot reklamiert für sich dasselbe wie sein Gegenspieler im Kardinalsrang. Er kümmere sich um die Kleinen, um die Unmündigen, Mühenden, Überbürdeten, die in der und an der Gesellschaft Scheiternden. Eine Verachtung der Randständigen wirft er hingegen den Herren in Rom vor. Dort wälze man tagein, tagaus Akten, um schließlich ihn, den geistlichen Aktivisten, wegen theologischer Zwistigkeiten zu bestrafen. Wie kann das sein? Mehr als einmal hat Kurienkardinal Ratzinger betont, es sei die erste Pflicht der Glaubenskongregation, „den Glauben der Kleinen zu schützen". Müssten sich die Anwälte der Kleinen nicht die Hände reichen?

Nein, denn ihrer beider Begriff vom Kleinen ist grundverschieden. Gaillot stellt die praktische Arbeit über den theologischen Disput, er ist sogar bereit, im Einsatz für Homosexuelle, Aidsopfer, ungewollt Schwangere von der kirchlichen Lehre abzusehen. Dass sich Christsein in der Tat bewährt – auch diesen Satz unterschriebe Ratzinger. Gaillot aber belässt es nicht beim Tun, es drängt ihn zum Bekenntnis, das leicht eine flammende Rede wird wider die offizielle römische Lehre. Gaillot fordert die Weihe der Frauen und kritisierte heftig die Marienfrömmigkeit Johannes Pauls II. Deshalb geht es keinem einzigen der Menschen, denen er Zuwendung schenkt, schlechter. Das öffentliche Lamento aber trägt, in vatikanischer Lesart, zur Verwirrung der Geister bei. Was, werden sich die Kleinen fragen, ist denn nun katholisch? Dass ein Bischof, salopp formuliert, nicht reden darf, wie ihm der Schnabel gewachsen ist, will er der Botschaft Jesu treu bleiben, sollte aber auch niemanden schockieren.

Der Papst nannte sich früher selbst einen Simpel und Idioten. Er stamme „selber aus dem Milieu der Simplices", erklärte er in besagtem Fernsehinterview vom Dezember 2000. Damit sprach er zunächst eine soziologische Tatsache aus. Als Sohn eines Polizisten wuchs Ratzinger in Marktl, Tittmoning, Aschau, Traunstein nicht gerade in einem Intellektuellenmilieu auf. Zum anderen ist der „simplex et idiota" eine von Ratzinger selbst herausgearbeitete, positiv besetzte geschichtstheologische Figur Bonaventuras. In seiner Habilitationsschrift bezeichnet er den Endpunkt des irdischen Seins wie folgt: „In der Kirche der Endzeit wird sich die Lebensweise des heiligen Franziskus durchsetzen, der als simplex et idiota von Gott mehr wusste als alle Gelehrten seiner Zeit – weil er ihn mehr liebte."

Leben, also lieben wie Franz von Assisi heißt demnach durch Gottes Schöpfung streifen mit einem heißen Herzen und einer großen Sehnsucht, heißt Mensch und Tier ein Trost sein, eine Hilfe, ein Quell des Aufatmens. Damit es dereinst noch solche Menschen gibt, die die Gebote des Glaubens in sich tragen und sie nicht referierend relativieren, muss dieser christliche Glaube so klar, so einfach, so eindeutig wie irgend möglich verkündet werden. Sonst ist vielleicht in wenigen Jahrzehnten und erst recht am Ende aller Tage der Glaube verdunstet. Dann gnadet Gott uns nicht.

Eine gewisse Begeisterung für den 1955 über Bonaventura entdeckten franziskanischen Antiintellektualismus hat sich Ratzinger immer bewahrt. An den Wegscheiden des Lebens sah er sich in seiner Skepsis bestätigt. Die Tumulte von 1968 deutete er als Explosionen des Intellekts, der keineswegs eine so breite Basis repräsentierte, wie er vorgab. „Es war eigentlich ein kleiner Kreis von Funktionären, der die Entwicklung in diese Richtung trieb. Aber dieser Kreis bestimmte das Klima." Der lateinamerikanischen Befreiungstheologie warf er später vor, eine „doch sehr intellektuelle Versprechung" gewesen zu sein; „gerade die Ärmsten sind von ihr davongelaufen". Und schließlich soll die Akademie der Katholischen Integrierten Gemeinde in der Villa Cavalletti eine Gegenbewegung initiieren. Dort sollen Theologen erfahren, dass der Glaube „nicht in der Retorte akademischer Methoden gemacht wird, sondern als lebendige Realität von der Kirche aller Orten und Zeiten her da ist".

Wenn Benedikt XVI. am 6. Juni 2005 in seiner Rede auf dem Familienkongress des Bistums Rom fast wörtlich seine Zuspitzungen aus der Rede vor dem Beginn des Konklaves wiederholt und eine „Kultur des Relativismus" – damals eine „Diktatur des Relativismus" – beklagt, der das Ich absolut setze, dann kann man sich als relativistische Agenten die Intellektuellen dazudenken. Die „massive Gegenwart jenes Relativismus in unserer Gesellschaft und Kultur" haben die Eliten zu verantworten. Sie propagieren einen Lebens- und Denkstil, der Freiheit verspreche und geradewegs in das Gefängnis der Egozentrik führe. Sehr deutsch ist diese intellektuelle Intellektuellenschelte. An den Nahtstellen zurückliegender Epochen, um 1800 und um 1920, wurde mit verwandten Argumenten um einen Weg in die Moderne gerungen. Nach dem verlorenen Ersten Weltkrieg rebellierten viele Intellektuelle, darunter der Philosoph Max Scheler, über den Karol Wojtyła seine Habilitationsschrift verfassen sollte, gegen die „übersteigerte Intellektualität unserer Väter". Ähnlich äußerten sich Paul Natorp, Rudolf Eucken, Ernst Troeltsch. Von unterschiedlichen weltanschaulichen Positionen bewegten sich die Wissenschaftler aufeinander zu, Natorp vertrat einen sozialistischen Idealismus, Eucken eine Philosophie des Lebens und der Tat, Troeltsch war Kulturprotestant. Ihr gemeinsames Drittes war die Ablehnung des Materialismus, wie er sich in Frankreich am stärksten zeige. Sie redeten statt dessen mal direkt, mal indirekt einer „deutschen Innerlichkeit" das Wort. Deutschland müsse zu sich selbst finden.

Man war sich uneins, inwieweit dieser Ansatz universalisierbar war. Doch selbst wer die Frage bejahte, dachte überwiegend in nationalen Kategorien. Dass sie wie die meisten Zivilisationskritiker, abgesehen von dem zum Katholizismus übergetretenen Juden Scheler, Protestanten waren, belegt die Kontinuität der protestantischen Kulturnation über das Ende des Kaiserreichs hinaus. Ratzinger denkt dem Wortsinne nach katholisch, weltumspannend, und stets unter dem Motto „Christus die Mitte von allem". Dennoch gibt es eine Verbindungslinie, die zurückführt in die Zeit nach dem Ersten Weltkrieg und, weiter noch, in die Zeit der Wende vom 18. zum 19. Jahrhundert. Diese geistesgeschichtliche Linie ist der Vorrang des Innen vor dem Außen. Er steigert sich zum Aufstand gegen die äußere im Namen der inneren Welt.

Jesus predigte ein Himmelreich, das schon inwendig Realität werden solle. „Der von dem Neuen Testament vorgegebene Weg nach innen ist auch der einzige Weg nach außen, ins Freie", schrieb Ratzinger 1984. Das theologische Argument reicht indes nicht aus, um die Häufigkeit zu begründen, mit der Kardinal und Papst eine „neue Kultur der Innerlichkeit" fordern. „Wir müssen tatsächlich wieder lernen, wie der innere Mensch mitwachsen kann mit dem Äußeren", sagte Ratzinger 2000 in dem Gespräch „Gott und die Welt". Der faktische Siegeszug des Äußeren, der Zahlen und der Schauwerte, ist ein weiterer Grund für die Präsenz des Themas. Aber losgelöst vom geistesgeschichtlichen Hintergrund kann man diese Denkbewegung nicht hinreichend erfassen. „Nach innen geht der geheimnisvolle Weg", lautet das große Wort des Novalis, nach innen, in die Seele, zog es die Zivilisationskritiker des frühen 20. Jahrhunderts, prinzipiell im Innern des Menschen entscheidet sich, ob aus Versuchung und Schuld Läuterung und Gnade werden können. „Die äußeren Wüsten wachsen in der Welt, weil die inneren Wüsten so groß geworden sind", sprach Benedikt in seiner Inaugurationspredigt.

Auch eine ganz unmetaphorische Bedeutung hat dieser Satz, wie aus einer Bemerkung von 1996 erhellt. Solange die „seelische Selbstverschmutzung des Menschen" andauere, „werden deren nach außen gerichtete Wirkungen unverändert weitergehen". Umweltschmutz, Raubbau an der Natur, Versteppung sind demnach die Folgen eines Verlusts des inneren Menschen. „Die Welt ist in Unordnung, weil unser Herz in Unordnung ist, weil ihm die Liebe fehlt", präzisierte der Kardinal in einer Meditation zu Fronleichnam. Anders ausgedrückt: Der Mensch ist aus dem Gleichgewicht geraten, es fehlt ihm die innere Balance, er nimmt sich als ein in vielfache Ansprüche, Ängste, Verpflichtungen gespaltenes Wesen wahr, ist streng genommen kein Individuum mehr, ist nicht mehr un-teilbar. Er ist das, was von

Moment zu Moment von ihm gefordert wird. Er ist flexibel, aber leer.

Ganzheitlichkeit ist gefragt. Dieser Ruf, der auch den Ausführungen Benedikts auf dem römischen Familienkongress zugrunde lag, den Warnungen, den menschlichen Körper nicht als eine Sache anzusehen, gehört zum Kernbestand vieler Religionen und Weltanschauungen. Der Atheist schickt seine Kinder gerne auf eine Waldorf-Schule, wo man ganzheitlich zu lehren verspricht, der Agnostiker schätzt die ayurvedische Entspannungskur, den Mondphasentee und die Akupunktur – allesamt ganzheitliche Ansätze mit Nachfrageüberschuss. Die christliche Ganzheitlichkeit gälte es zu entdecken. Auch sie ist ein Wagnis, und auch sie könnte heilende Kräfte entfalten. Ihr Zielpunkt ist das unverlierbare Heil: Wenn Gott, so Ratzinger 1996, „in diese Zeit wieder neu hereintreten kann", dann nur „durch das geöffnete Innere."

Ganz sich öffnen, ganz sich hingeben, meditieren, lesen, beten, Eucharistie feiern, wach sein für den Ruf des Nächsten, der der Ruf Gottes sein kann. So lauten die Grundzüge der Spiritualität Benedikts, einer benediktinischen Ganzheitlichkeit, die sich sowohl auf den Ordensgründer aus Nursia als auch auf seinen päpstlichen Namensvetter berufen kann, den Sechzehnten dieses Namens. Von ihm ist bekannt, dass er in seiner oberbayerischen Jugend gerne Goethe las und lieber noch Eichendorff. „Manches bleibt in Nacht verloren – Hüte dich, bleib wach und munter!"

Allzu viel Kontroverstheologie könnte da vom Weg abführen. Die angestrebte Kulturrevolution, die Wiederentdeckung der Einfachheit des Glaubens, die eine neue Spiritualität ermöglicht, hat in der historisch-kritischen Methode und im theologischen Pluralismus ihr Gegenüber. Einerseits. Schon der Habilitand ereiferte sich über gewisse „professorale Proteste" der „liberalen Franziskusforschung", die eine „in so ernsthaften Dingen verletzende Unernsthaftigkeit an sich haben". Er ereiferte sich weiterhin über die typisch „akademische Indifferenz gegenüber dem Zeitpunkt des Endes", des Weltendes, die Bonaventura überwunden habe. Er wagte drittens mit Bonaventura einen Ausblick auf die Endzeit, die identisch sei mit dem „Ende der Vernunfttheologie": Mutige, fast schon tollkühne Worte für einen 28-Jährigen, dessen Habiltationsschrift in ihrer ursprünglichen Fassung vom Zweitkorrektor, dem Münchner Dogmatiker Michael Schmaus, auch deshalb abgelehnt worden war.

Andererseits ist der Theologe Ratzinger viel zu klug, um etwa trotzig auf dem Wissenschaftsbegriff der ersten Hälfte des 19. Jahrhunderts zu beharren. In den beiden Grundsatzreden zur Frage einer angemessenen theologischen Wissenschaft wurde seine Programmatik deutlich. Am 9. Mai 2003 sprach der Kardinal anlässlich des 25-jährigen Pontifikats Karol Wojtyłas an der Lateran-Universität über „Das Lehramt Johannes Pauls II. in seinen 14 Enzykliken". Im letzten Drittel des Vortrags wird es schwer zu erkennen, wo Ratzinger dem Papst folgt und wo er eigene Akzente setzt. Er kritisiert die „antimetaphysische Strömung", die nach dem Zweiten Vatikanum erst eine „rein biblische Moral" habe etablieren wollen und dann eine „rein rationale Begründung des Ethos". Beides sei gescheitert. Von der Kirche und von der Geschichte des Glaubens, also der schöpferischen Tradition, könne man nicht absehen, wolle man sich nicht in die Hände der Relativisten begeben. „Nur wenn es das unbedingt Gute gibt, für das zu sterben sich lohnt, und das immer Schlechte, das nie gut wird, ist der Mensch in seiner Würde bestätigt und sind wir geschützt vor der Diktatur der Ideologien."

Tags darauf, am 10. Mai 2003, sprach er vor der Päpstlichen Bibelkommission, wie er gleich im ersten Satz darlegte, über „Probleme auch meiner Autobiographie". Thema war „Die Beziehung zwischen Lehramt der Kirche und Exegese". Seine Tour d'horizon beginnt mit dem Minderwertigkeitsgefühl katholischer Theologen gegenüber ihren protestantischen Kollegen am Anfang des 20. Jahrhunderts. Bei diesen war im Gegensatz zu jenen seit Adolf Harnacks „Wesen des Christentums" (1900) die historisch-kritische Methode Routine geworden. Man untersuchte die biblischen Quellen akribisch, rekonstruierte ihre Genese und gelangte zu neuen Resultaten über die historische Gestalt Jesu. Dieser Ansatz sei keineswegs verwerflich, doch dürfe man ihn nicht verabsolutieren. Das Lehramt habe in der vorkonziliaren Zeit manchmal den „Bereich der Gewissheiten überdehnt", müsse aber „Korrektive setzen". Der entscheidende Einwand gegen die historisch-kritische Methode lautet, dass sie blind sei für ihre eigenen hermeneutischen Voraussetzungen. „Die reine Objektivität der historischen Methode gibt es nicht."

Und dann verknappt Ratzinger das Glaubensbekenntnis auf einen Kernbereich von drei Dogmen. „Daher ist die Realität der Geburt Jesu aus der Jungfrau Maria, die wirkliche Einsetzung des Letzten Abendmahles durch Jesus, seine leibliche Auferstehung von den Toten – das heißt das Leersein des Grabes – ein Element des Glaubens als solches, das er gegen vermeintliche bessere historische Erkenntnis verteidigen darf und muss. Dass Jesus wirklich in allem Wesentlichen der war, als den ihn uns die Evangelien zeigen, ist nicht historische Konjektur, sondern eine Sache des Glaubens. Einsprüche, die uns das ausreden wollen, sind nicht Ausdruck wirklicher wissenschaftlicher Erkenntnis, sondern Selbstüberschätzung der Methode."

Folglich gibt es in diesem dogmatischen Bereich für Universitätsprofessoren nichts zu forschen. Wer es doch tut – und derer gibt es viele –, steht am Rand des christlichen Glaubens und faktisch schon außerhalb der kirchlichen Kirche. Auch die Katholische Integrierte Gemeinde musste sich getadelt fühlen. Bei ihr beharrte man 1970 darauf, „die Hauptsache von Ostern" sei „gar nicht ein leeres Grab, sondern Glaube und Sendung der

Gemeinde". Jesus war der von Gott gesandte Messias, weil die Urgemeinde diesen Glauben weitertrug, nicht weil er tatsächlich von den Toten auferstanden war. Alles andere seien „falsche Stützen", die die historisch-kritische Forschung dankenswerterweise „wegzieht". Denn „gesehen hat die Auferweckung Jesu niemand, aber der Glaube hat diese Vorstellung erschlossen, weil er ja eine Wirklichkeit vor Augen hatte, das Zum-Glauben-gekommen-sein der Gemeinde".

Gut 30 Jahre später, nach der Veröffentlichung eines Buches des KIG-Theologen Rudolf Pesch, steht der Vorwurf im Raum, die KIG verbreite noch immer solche Auffassungen. Angesichts von Ratzingers freundschaftlicher Verbundenheit mit der KIG taugt der Vorwurf zum Skandal. Unterstützt der Dogmenwächter eine Gemeinschaft, die die Dogmen relativiert? Er lädt deshalb die KIG-Theologen am 18. September 2004 zu sich nach Rom ein. Die 16-köpfige Delegation bringt eine Erklärung mit, in der sie sich zu ihrer „Sorge und Mitsorge mit dem Lehramt der Kirche" bekennt, „dass die Lehre von der leiblichen Auferstehung Jesu, wie sie auch in der Überlieferung vom leeren Grab festgehalten ist, der Kirche unverkürzt erhalten bleibt". Nach Erklärung und Gespräch verfasste Ratzinger seinerseits eine „Klarstellung". Die KIG und er seien sich einig in der zentralen Bedeutung dieser Frage – „es geht darum, ob der Glaube wirklich in die Geschichte hineinreicht" – und hätten keinerlei Differenzen.

Knapp sind die Damen und Herren der KIG am Verdikt vorbeigekommen, sie betrieben Gesteinsanalyse. Mit diesem Begriff bezeichnete Ratzinger 1997 die historisch-kritische Methode. Sie vergesse völlig, dass zum Glauben der „lebendige Organismus des Glaubens aller Jahrhunderte", die nachbiblische Überlieferung, gehöre. Die beiden Argumente sind bekannt. Lebende wie Tote bilden demnach die eine Kirche, und das Plädoyer für den lebendigen Organismus ist ein Plädoyer für die

Tradition und gegen die Lust am permanenten „Ummodeln".
Mit fast denselben Worten wandten sich die vernunftskeptischen Revolutionskritiker des frühen 19. Jahrhunderts gegen die „totale Zerfließung" der Gesellschaft. Der Staat, sagte etwa Adam Müller, sei keine „Assekuranzanstalt", bei der man sich auf vertraglicher Basis gegenseitig und voreinander schütze und absichere, der Staat sei ein lebendiger Organismus, der einen Kopf habe, den Monarchen, und viele Glieder. Er sei mehr als die Summe seiner Teile.

Das polemische Wort von der Gesteinsanalyse wäre dem Konzilstheologen und Mitarbeiter an der Konstitution „Dei Verbum" nicht über die Lippen gekommen. Die Dinge haben sich eben geändert und nicht zu ihrem Besten, würde Benedikt wohl erwidern. Er könnte auch, wie er es in der Generalaudienz am 8. Juni 2005 tat, die Kirchenväter zitieren: „Die Furcht des Herrn ist der Anfang der Weisheit." Gottesfurcht, die demütige Akzeptanz dessen, was jedes Bewusstsein und jedes Wissen überragt, markiert also den Beginn der theologischen Erkenntnis, ist deren Einstiegsbedingung. Der Zweifler aus Prinzip, ließe sich zuspitzend behaupten, kann vielleicht Religionswissenschaft betreiben, kann Buddha und Kali und Jesus und den großen Manitu vergleichen, kann Riten beschreiben und sich an den Blumen erfreuen, die auf Gottes weiter Wiese blühen; Theologie ohne Glaube an den in Christus geoffenbarten, von der Kirche verkündeten dreieinigen Gott sei unmöglich. Wer diesen Zusammenhang leugnet, der rechnet, mit Ratzinger gesprochen, zu den besserwisserischen Spezialisten, deren „besonders verbohrte Blindheit" sie in die Nähe des „Schweinetrogs leer gewordener Unterhaltungsmätzchen" treibe. Sprach er im September 1987.

Der religiöse Pluralismus und die Reformtheologen

An Christi Himmelfahrt, justament zur Zeit des Ökumenischen Kirchentages, konnte niemand unbeobachtet in die Gethsemane-Kirche gelangen. Kameras, Fotografen, Reporter hatten sich flächendeckend positioniert. Politprominenz und Kirchenaktivisten sorgten für einen Menschenauflauf im Berliner Stadtteil Prenzlauer Berg. Um 18 Uhr am 29.5.2003 begann der von der „KirchenVolksBewegung Wir sind Kirche" und der „Initiative Kirche von unten" veranstaltete „Ökumenische Gottesdienst mit Eucharistie nach katholischem Ritus und offener Kommunion". Die Predigt hielt die Münchner Hochschulpfarrerin Brigitte Enzner-Probst. Zelebrant war der emeritierte Professor für Systematische Theologie an der Universität Saarbrücken, der gebürtige Grazer Gotthold Nathan Ambrosius Hasenhüttl, Jahrgang 1933. Fotos zeigen einen schmalgesichtigen, ernst blickenden Mann, wie er zwei geflochtene Brotkörbe in die Höhe hält.

Hasenhüttl, der katholische Priester, während des Höhepunkts der Auseinandersetzungen um Häring und Ratzinger Assistent in Tübingen, tat das Verbotene. Er feierte Eucharistie, sprach die Wandlungsworte und lud alle Anwesenden ein, sich aus dem Brotkorb mit den Hostien zu bedienen. Er konnte nicht anders, er wollte ein Zeichen setzen gegen die römisch-katholische Kirche, da diese mit dem „Herrenmahl" die „evangelischen Christen zu Christen zweiter Klasse deklassiert". Die „Initiative Kirche von unten" gab in einer Mischung aus Hybris und Nonchalance bekannt: „Die Annahme eucharistischer Gastfreundschaft ist Sache der einzelnen Gläubigen. Sie folgen ihrer eigenen Überzeugung und ziehen Konsequenzen aus der Tatsache, dass es keine trennenden Unterschiede im Verständnis der Eucharistie mehr gibt. Amtliche Regelungen in dieser Richtung für die römische Kirche insgesamt sind erst später zu erwarten."

Am 17. Juli 2003 verhängte der Bischof von Trier, Reinhard Marx, eine „Besserungsstrafe" gegen Hasenhüttl und suspendierte ihn vom Priesteramt. Da der Theologe nicht sich zu bessern versprach, bestätigte die Glaubenskongregation unter Kardinal Ratzinger am 24. April 2004 die Suspendierung. Hasenhüttl legte am 29. Juni Beschwerde ein, die am 10. November abgewiesen wurde. Der nunmehr endgültig seines Amtes enthobene Priester habe eine „ungerechtfertigte allgemeine Einladung zur Kommunion ausgesprochen", somit einen „schwerwiegenden Missbrauch" des Sakramentes begangen. Er vertrete eine „irrige Lehrmeinung". Dennoch bekundete die Kongregation „ihre Hoffnung, dass dem genannten Priester unter dem Beistand des Heiligen Geistes die Gnade geschenkt werde, zu bereuen und die Lehre der Kirche wieder in Treue anzunehmen, seine Umkehr zum Ausdruck zu bringen und zu versprechen, die Norm des kirchlichen Rechts befolgen". Darauf wartet man in Rom noch heute.

Von 1974 an bis 2002 lehrte Hasenhüttl in Saarbrücken Systematische Theologie, und seine Schriften fanden zuweilen den Weg in die Ratzingerschen Fußnoten. Zuletzt in einem Aufsatz von 2002: Ratzinger referiert die These des evangelischen Theologen Rudolf Bultmann, „an einen Gott, den Schöpfer des Himmels und der Erde zu glauben, bedeute nicht, dass man glaube, Gott habe wirklich Himmel und Erde geschaffen, sondern nur, dass man sich selbst als Geschöpf verstehe und dadurch ein sinnvolleres Leben lebe. Ähnlich Vorstellungen haben sich inzwischen in der katholischen Theologie ausgebreitet. Konsequent durchgeführt ist dieser Ansatz bei G. Hasenhüttl, Glaube ohne Mythos."

Besagtes Opus magnum, zwei Bände, 1600 Seiten, erschien 2001. Das Vorwort ist mit einem gewissen Sinn für Theatralik auf „Pfingsten 2000" datiert. Im „Heiligen Jahr", exakt zur Wiederkehr des Pfingstereignisses, an dem Zungen wie von

Feuer sich auf die Menschen senkten und eine internationale, charismatische Gemeinschaft namens Kirche begründeten, saß Gotthold Hasenhüttl an seinem Saarbrücker Schreibtisch und hatte Herkulisches geleistet. Er hatte, in Anknüpfung an Bultmann, bei ausdrücklicher Ablehnung Ratzingers, „das heutige Erscheinungsbild des Christentums" zu transformieren begonnen, „damit es Sinn, Hoffnung und Freiheit vermitteln kann". Er hatte es gewagt, „die theologischen Verzerrungen des Menschenbildes aufzuarbeiten und Neuanstöße zu vermitteln", hatte so „den Paradigmenwechsel der Postmoderne" mitvollzogen, die lebensfeindliche „mumifizierende Theologie" fast besiegt und eine neue skizziert, „die den Menschen nicht unterdrückt und in die Enge treibt, sondern ihn aufatmen lässt". Auch Jesus sprach bekanntlich: „Ihr werdet Aufatmen finden für euer Leben."

Wer sich das Vergnügen der Lektüre gönnt, kommt ein wenig ins Grübeln. Im Namen welcher Religion ergreift hier Hasenhüttl das Wort? Er selbst spricht vom „Humanum", das es zu verwirklichen gelte. Das Humanum sei „ein Leben in Freiheit ohne Unterdrückung und ohne vermeidbares Leid und als Fähigkeit, die Bedürfnisse und Interessen der Menschen politisch, sozial und religiös durch freies solidarisches und konsensfähiges Handeln zu realisieren und in Entsprechung zur Natur zu entfalten". Vielleicht handelt es sich also um Humanismus, vielleicht auch um peace, love and happiness.

Gott ist ihm „Metapher für die Erfahrung der Liebe, die Menschen in Freiheit setzt", Jesus „Symbol bzw. Metapher für erfülltes Menschsein", eine „prädikatorische Figuration", ein „realer Hinweis auf die Selbstannahme des Menschen durch das Sein-für-andere", und ob diese hinweisende Metapher gelebt hat, was dieses figurative Symbol tat und redete und war, weshalb es am Kreuz, diesem „Symbol für die Befreiung zur konkreten Liebe" endete, ist zweitrangig. Wichtig ist, dass der christliche Glaube – also wohl der Glaube an das symbolisch von Jesus repräsentierte Humanum – sich selbst relativiert. Alles auf Erden sei ambivalent, auch Jesus selbst war ein sehr wirkmächtiger, aber „beliebiger, zweideutiger Mensch". Das einzige Eindeutige in dieser Welt scheint die intolerante, anmaßende Kirche zu sein. Nur „radikale Weltoffenheit", also wohl Öffnung hin zum Zweideutigen, könne sie noch retten.

Ein solcher Akt der Weltoffenheit sollte die Berliner Mahlfeier sein. Kurz vor der Wahl Benedikts erinnerte Hasenhüttl noch einmal daran, dass „eucharistische Gemeinschaft mit den Lutheranern ohne weiteres theologisch gerechtfertigt" sei. Das ist sie auf jeden Fall im Rahmen der Hasenhüttlschen Theologie. Innerhalb ihrer ist die Rede von Gott vor allem eine sprachspielerische Rede über Gottessymbole. Auch die Eucharistie erscheint in so neuem Licht, dass es rückblickend wie ein tyrannischer Akt anmutet, den Brotkorb den Ungetauften verweigert zu haben. Christsein bedeute: „zeigen, dass man nicht für sich allein lebt". Eucharistie sei ein „symbolisches ‚Opfermahl' als Figur für das Einstehen der Menschen füreinander" mit dem Ziel der „Versöhnung und Verständigung aller". Ob man dieses Event nun Jugendweihe nennt oder Abendmahl, Mitgliederversammlung, Helfertreffen oder Eucharistie, ob man Wasser und Wein und Brot oder Bier und Salzgebäck reicht, dürfte kaum einen Unterschied machen. Wie es überhaupt die Frage ist, worin sich der „Glaube ohne Mythos" von sämtlichen anderen Formen intensiven und friedfertigen menschlichen Beieinanderseins unterscheidet.

So es einen Giftschrank gab im Hause Ratzinger, hatte Hasenhüttls ambitioniertes und an manchen Stellen durchaus bedenkenswertes Werk einen Ehrenplatz. Alles, wogegen der Kardinal zu Felde zog, findet sich hier – Religionspluralismus, Relativismus, Absage an das historische Faktum, Aufweichung statt Unterscheidung des Christlichen, ein zwischen Monotonie und Unverständlichkeit schwankender professoraler Schreibstil nebst den üblichen Reformforderungen, kulminierend in dem Ausruf: „Eine schwangere, schwarze Päpstin würde das irrige Menschenbild der Kirche gründlich revidieren!" Auch die „sadomasochistischen Phantasien von Gott" erläutert Hasenhüttl mit fast demselben Furor, den 1968 die studentischen Flugblattautoren an den Tag legten. Nicht leicht ist es, Ratzinger in all seinen Zu- und Abneigungen zu folgen. Doch dass dieser „Glaube ohne Mythos" ein Religionsverschnitt ist nach des Autors sehr privatem Gusto, scheint unabweisbar.

Auf höherem Niveau vertritt Perry Schmidt-Leukel die pluralistische Theologie, und deshalb stand er häufiger und klarer im Fokus kurialer Aufmerksamkeit. Ratzinger nennt ihn den „stärksten Anwalt" der pluralistischen Position im deutschen Sprachraum. Zudem lehrte der 1954 geborene, mittlerweile in Glasgow tätige Fundamentaltheologe an der Katholisch-Theologischen Fakultät der Universität München, nicht im saarländischen Grenzgebiet. In München entstand 1990 die erste Fassung des „Grundkurses Fundamentaltheologie", den Schmidt-Leukel 1999 in erweiterter Form veröffentlichte und als eine „engagierte Einführung" bezeichnet, mit klaren „eigenen Optionen". Ebendiese Optionen führten wohl dazu, dass seine Bewerbung um eine ordentliche Professur im März 1998 vom Erzbistum abschlägig beschieden wurde. Kardinal Wetter verweigerte das „Nihil obstat", das „Nichts spricht dagegen". Schmidt-Leukel vermutet gegenüber dem Ratzinger-Biographen John L. Allen, Wetter habe Ratzinger konsultiert.

Gleich in der Einleitung des „Grundkurses" bekennt Schmidt-Leukel Farbe. Der Text sei „von meiner tiefen Hochachtung für das theologische und religionsphilosophische Werk John Hicks geprägt". Der anglikanische Theologe John Hick zählt zu den Pionieren der pluralistischen Theologie, die auf das Heftigste mit Ratzingers christlichem Wahrheitsbegriff kollidiert. Hick und sein Kollege Paul Knitter, schreibt der Kardinal 1996, „sagen, die Exegese habe bewiesen, dass Jesus sich selbst gar nicht für den Sohn Gottes hielt, sondern dass er erst hernach allmählich von seinen Anhängern dazu gemacht worden sei". Damit steht erneut, wie schon bei der leiblichen Auferstehung, die Frage im Raum, ob Gott in die Geschichte eingreift, ob er seine Verheißungen wahrmacht in der Person Jesu Christi. Müsste man die beiden Fragen verneinen, verlöre das Christentum seine einzigartige Stellung im Kosmos der Religionen. Und so wäre das Resultat von Hick, Knitter, Schmidt-Leukel fast dasselbe wie bei Hasenhüttl: Der Religionen sind viele, sie suchen auf verschlungenen Pfaden das Gute, und welcher Weg welches Individuum zum Ziel führt, kann nicht allgemein bestimmt werden.

Schmidt-Leukel argumentiert wie Hasenhüttl und die meisten Ratzinger-Antipoden von der Gegenwart her. Der Kardinal betont hingegen die „organische Sicht der Ganzheit des katholischen Glaubens", wobei Organismus die hierarchische Verfasstheit einschließt und Ganzheit die Überlieferung dies- und jenseits der Bibel. „Angesichts unserer verbesserten Kenntnisse" über die nichtchristlichen Religionen könne man diesen, so Schmidt-Leukel, nicht mehr umstandslos wie in früheren Zeiten eine „positive Heilsbedeutung" absprechen. Hasenhüttl echauffiert sich über eine Kirche, die herrsche statt sich dem dialogischen Prinzip zu öffnen und in der sich die „christlich-freiheitliche Selbstbestimmung in Macht und Herrschaft des Menschen über den Menschen pervertiert" habe. Schmidt-Leukel kritisiert den „Einsatz kirchlicher Machtmittel" anstelle des Arguments und lobt die „pluralistische Position", definiert durch den Satz: „Heilshafte Transzendenzerkenntnis wird von mehreren Religionen vermittelt, auch im gleichen Höchstmaß."

Nichts ist es also mit der unübersteigerbaren Nähe Gottes in Jesus Christus, nichts mit dem geglaubten Vorrang einer Religion vor irgendeiner anderen, nichts mit der Wahrheit an sich. „Heute wissen wir …", heißt es bei Schmidt-Leukel, und es klingt fast wie ein fernes Echo der Selbstgewissheit, mit der Johann C. Bluntschli den „wissenschaftlichen Mensch von heute" pries, „wir wissen mehr, als Rom und der Papst weiß, sehr viel mehr". Das Mehr des Perry Schmidt-Leukel ist nicht zuletzt die „Intuition, dass Vielfalt den Wert erhöht, nicht aber reduziert". Deshalb wäre eine rein christliche Welt „eine bedauerliche Verarmung für das religiöse Leben der Menschheit". Konkurrenz belebt das Geschäft, Auswahl steigert die Kundenzufriedenheit, könnte ein Ökonom ergänzen. Und welches Waschmittel am weißesten wäscht, lässt sich nicht ermitteln. „Die Wirksamkeit Gottes in Jesus", sagt Hick, „ist von der gleichen Art wie die Wirksamkeit Gottes in anderen großen menschlichen Mittlern des Göttlichen."

Immerhin ist ein Mittler kein Symbol, weshalb sich Hick vielleicht den Bannspruch Hasenhüttls zuzöge. Doch kommt der Anglikaner dem deutschen Hochschullehrer auch entgegen; Jesu „Inkarnationsaussage" sei eine Metapher. Er war insofern der fleischgewordene Gott, als er dessen Wille erfüllte. Wäre demnach jeder gläubige, praktizierende Christ ein Sohn Gottes, eine Tochter Gottes? Diese Interpretation kann und darf man in aller Entschiedenheit vertreten. Man darf und kann Bücher in beliebiger Dicke über beliebige Themen schreiben, und sei es über den beliebigen Menschen aus Nazareth. Als Präfekt der Glaubenskongregation wurde Ratzinger aktiv, sobald eine solche Interpretation als katholische Lehre erschien, was sie wohl ebenso wenig ist wie im eigentlichen Sinne christlich. Dass Hasenhüttl seine Saarbrücker Studien bis zur Emeritierung unbehelligt betrieb, zeugt von vatikanischem Langmut.

Immer wieder ist es der Sonderfall der universitären Hochschultheologie, die zwischen Rom und Deutschland für Spannung sorgt. In einem Land, das sich zu Recht viel auf die Freiheit der Forschung zugute hält, ist es verständlich, wenn die Kollegen von der theologischen Fakultät ebendiese Freiheit auch für ihre Arbeiten reklamieren. Da sie aber keine Privatgelehrten und keine Religionswissenschaftler sind, sondern die Inhalte eines spezifischen Glaubens an den akademischen Nachwuchs weitertragen, ist das Ratzingersche Grenzenbewusstsein ebenso verständlich. Sein manchmal giftiges Beharren auf den Vorentscheidungen, die auch der scheinbar objektivsten Forschung zugrunde liegen, sollte keine Entrüstung mehr auslösen. Nicht zuletzt Jürgen Habermas hat bereits in den sechziger Jahren auf den Zusammenhang von Forschungsinteresse und Forschungsergebnis aufmerksam gemacht. Ratzinger schrieb 1996 in Bezug auf Hick und Knitter: „Nicht die Exegese beweist die Philosophie, sondern die Philosophie bringt die Exegese hervor."

Im selben Aufsatz über die „Lage von Glaube und Theologie heute" rückt er die pluralistische Theologie in die Nähe der Befreiungstheologie. Sie nehme nun deren Stellung ein, sei wie diese „ein typisches Kind der westlichen Welt und ihres philosophischen Denkens". Und wie bei der Befreiungstheologie – wir werden davon noch hören – seien die Folgen der pluralistischen Theorie verheerend. Die Akteure vom Schlage eines Hick, Knitter oder Schmidt-Leukel müssten sich fragen lassen, „wie weit sie selber daran schuld sind, dass immer mehr Menschen Zuflucht in engen oder kranken Religionsformen suchen. Wenn man nur Fragen anbietet, dann sind solche Fluchten unvermeidlich." Religiöser Fundamentalismus als Nebenfolge liberaler Bibelexegese? Schlägt man zur Probe den „Grundkurs Fundamentaltheologie" auf, so sieht man, dass der Befund quantitativ zutrifft. Schmidt-Leukel reiht sehr oft sehr viele Fragen aneinander. Vermutlich ist diese Rhetorik auch Ausdruck eines wissenschaftlichen Leitbildes. Die Religionen wollen alle befragt sein, immer auf der Suche nach den Spuren der offenbar gleichmäßig über den Erdball verstreuten Transzendenz. Franz

Moor, die „Kanaille" aus Schillers „Räubern", hätte auch heute allen Grund zu fragen: „Wo stickt denn nun das Heilige?" Ja, wo denn nur?

Jürgen Habermas und Joseph Ratzinger

Nicht direkt vom Heiligen, wohl aber von den „vorpolitischen Grundlagen" des freiheitlichen Rechtsstaats war die Rede an einem Abend, wie ihn das akademische Deutschland noch nicht gesehen hatte. Herzog Franz von Bayern, die Theologen Eugen Biser, Johann Baptist Metz, Wolfhart Pannenberg, der Philosoph Robert Spaemann, die Politologen Heinrich Oberreuter und Werner Weidenfeld und zwei Dutzend illustre Köpfe mehr hatten, neben ganz wenigen Journalisten, am 19. Januar 2004 den Weg ins kalte München gefunden. Sie alle füllten jedoch nicht das Podium, sondern waren Zuhörer und erst später dann Mitdiskutanten eines Gesprächs, das Jürgen Habermas und Joseph Ratzinger auf Einladung der Katholischen Akademie führten. Die Kritische Theorie, deren Ziel die befreite Gesellschaft ist, saß also neben der Vatikanischen Glaubenskongregation, die das Heil aller Völker allein aus Jesus Christus erhofft. Kann es da eine gemeinsame Sprache geben?

Die Frage ist berechtigt, rekonstruiert man das „nachmetaphysische Denken" – so ein Buchtitel von 1988 – des Jürgen Habermas. Wahrheit, der Zentralbegriff Ratzingers, ist bei Habermas das temporäre Ergebnis eines herrschaftsfreien öffentlichen Diskurses, in dem alle möglicherweise Betroffenen ihre Stimme haben erheben können. Wahrheit ist also Konsens, und jeder Konsens kann auf der Grundlage neuer Erfahrungen korrigiert werden. Eine Instanz jenseits des Diskurses, ein Gott gar, der sich historisch offenbart, ist in diesem Konzept nicht vorgesehen. Das Verfahren tritt an die Stelle der Offenbarung, weshalb man auch von einem prozessuralen oder diskursiven Wahrheitsbegriff spricht. Ewige, universale Wahrheiten kann es demnach nicht geben. „Zu einem Thema", schrieb Habermas 1999 in der Einleitung zu „Wahrheit und Rechtfertigung", „wird ja nur die Wahrheit erschütterter Meinungen." Das, was sich immer neu als nicht-wahr erweist, sorgt dafür, dass die Wahrheitsfrage ex negativo präsent bleibt. Weiter entfernt kann man kaum sein vom emphatischen christlichen Wahrheitsverständnis Ratzingers.

Andererseits gibt es zwischen ihm und dem international angesehensten deutschen Philosophen seit den neunziger Jahren zunehmend Berührungspunkte. Habermas, zuweilen als „Chefdenker" der Bundesrepublik Deutschland tituliert, und den „katholischen Habermas" aus Rom und weite Teile der deutschen Öffentlichkeit eint die Sorge um den Fortbestand der Menschheit. Besonders deutlich wurde dieses Anliegen in der Frankfurter Rede vom 14. Oktober 2001, als Habermas den Friedenspreis des deutschen Buchhandels überreicht wurde. Ihr Titel: „Glauben und Wissen".

Das Rauschen, das danach im Blätterwald einsetzte – Habermas, der strenge Säkularist, habe unter dem Eindruck der Terrorattacken vom 11. September die Religion „entdeckt" – wäre leiser gewesen, hätte man zuvor etwas genauer zugehört. Bereits 1985 hatte Habermas erklärt, seine grundlegende Intuition beruhe auf religiösen Traditionen. Drei Jahre später folgte das Diktum, man könne Begriffe wie Moralität und Sittlichkeit, Freiheit und Emanzipation nur dann verstehen, wenn man sich die „Substanz des heilsgeschichtlichen Denkens jüdisch-christlicher Herkunft" aneigne. Es muss folglich im „Einen Bund", wie ihn Ratzinger häufig akzentuiert, ein nur dort vorhandenes Ensemble geben an Werten und Sichtweisen, die der liberale Verfassungsstaat nicht herstellen kann und deren die Weltgesellschaft bedarf. Dennoch bemerkte Detlef Horster 1999 kritisch, das

Defizit der Moralkonzeption von Habermas sei die fehlende konkrete Ausgestaltung des moralischen Gesichtspunktes. Möglicherweise teilt Habermas diese Kritik. Vielleicht waren dann die Rede in der Paulskirche und das Gespräch mit Ratzinger Versuche, diesen blinden Fleck zu überwinden. Haben sich also der „bundesrepublikanische Geist" und Rom in ihren kompetentesten Vertretern dauerhaft versöhnt?

Auch in der Dankesrede „Glauben und Wissen" ist das Thema präsent, das Habermas seit Mitte der neunziger Jahre umtreibt: die „gentechnische Selbstinstrumentalisierung" des Menschen durch Klon-Experimente und Embryonenforschung. Auf diesem Gebiet gelangt er zum selben Resultat wie Ratzinger, doch auf anderem Weg. Im Rahmen eines fairen Diskurses müssen bekanntlich alle möglicherweise Betroffenen gehört werden. Der Embryo hat jedoch keine Stimme. Ergo könne über ihn nichts beschlossen werden, und schon gar nicht seine Tötung, die ja notwendig ist, um aus ihm die von Renditemaximierern und Forschungsoptimisten begehrten Stammzellen zu gewinnen. Ratzinger beschwor wie Johannes Paul II. immer wieder die Unverfügbarkeit des von Gott geschenkten Lebens, vom Moment der Zeugung an bis zu dessen natürlichem Ende. Benedikt XVI. stellte innerhalb von nur einer Woche Anfang Juni vier Mal den Lebensschutz ins Zentrum seiner Reden. Die „Unterdrückung oder verletzende Manipulierung des entstehenden Lebens" sei radikal abzulehnen. Dass die italienische Volksabstimmung vom 12. und 13. Juni 2005 über eine Lockerung des Embryonenschutzes an der mangelnden Beteiligung scheiterte, wurde auch als der erste politische Erfolg des neuen Papstes interpretiert.

Dominant sind in „Glauben und Wissen" jedoch die Aussagen zum titelgebenden Begriffspaar, das wie eine Übersetzung der Enzyklika „Fides et ratio" von Johannes Paul II. klingt. Habermas verlangt vom religiösen Bewusstsein, „das gesellschaftliche Monopol an Weltwissen" zu akzeptieren, das die Wissenschaften innehätten, und so zu einem „Reflexionsschub" zu gelangen. Er bekräftigt abermals die Bedeutung „einer religiösen Überlieferung, von deren normativen Grundlagen wir zehren". Religion sei eine „wichtige Ressource der Sinnstiftung", weshalb sich gerade die liberale Gesellschaft „einen Sinn für die Artikulationskraft religiöser Sprachen" bewahren müsse. „Säkulare Sprachen, die das, was einmal gemeint war, bloß eliminieren, hinterlassen Irritationen. Moralische Empfindungen, die bisher nur in religiöser Sprache einen hinreichend differenzierten Ausdruck besitzen, können allgemeine Resonanz finden, sobald sich für ein fast schon Vergessenes, aber implizit Vermisstes eine rettende Formulierung einstellt. Eine Säkularisierung, die nicht vernichtet, vollzieht sich im Modus der Übersetzung."

Die westliche Gesellschaft im beginnenden 21. Jahrhundert hat folglich allen Grund, mit der Religion als Quelle der Moral pfleglich umzugehen. Übersetzen lässt sich nur, was vorhanden ist. Die Gesellschaft kann nicht absehen von ihren religiösen, das heißt: ihren jüdisch-christlichen Wurzeln. Die Religion ist der bevorzugte Ort moralischer Rede. Gäbe es keine Religion mehr und, ließe sich ergänzen, keine Gemeinschaft, die den religiösen Vorbehalt immer wieder geltend macht, dann bliebe nur die Erkenntnis, dass der Gesellschaft etwas fehlt, bliebe nur ein Achselzucken am Abgrund. Das „implizit Vermisste" ist die moralische Rede, der moralische Appell, das „fast schon Vergessene" der religiöse Humus, in dem die Moral gedeiht. Leicht kommt Habermas, dem laut eigener Einschätzung „religiös Unmusikalischen", die Rede vom „Schöpfer- und Erlösergott" des Alten Testaments über die Lippen. „Die ins Leben rufende Stimme Gottes kommuniziert von vornherein innerhalb eines moralisch empfindlichen Universums. Deshalb kann Gott den Menschen in dem Sinne bestimmen, dass er ihn zur Freiheit gleichzeitig befähigt und verpflichtet."

Eine solche Rede aus solchem Mund belegt die schon mehrfach zu beobachtende neue deutsche Offenheit für den Glauben. Für den Professor für Philosophie und Soziologie an der Universität Frankfurt/Main, 1964 bis 1971, für den Direktor am Starnberger Max-Planck-Institut zur Erforschung der Lebensbedingungen der wissenschaftlich-technischen Welt unmittelbar danach, wäre Gott kein Wort gewesen, das in einen positiven Sinnzusammenhang zu bringen Habermas gereizt hätte. Freiheit, Emanzipation, Gerechtigkeit sollten ausnahmslos im säkularen Diskurs entstehen. Woher dieser seine Motivation bezieht, lag nicht im Fokus des Interesses. Dass diese Theorie des permanenten, gewaltfreien Gesprächs unter Gleichberechtigten, in dem sich Gesellschaft verwirklicht, gut zur Zeit nach 1968 passte und ebenso gut zur rot-grünen Regierungsübernahme 1998, versteht sich. Die Hoffnungen, die Intellektuelle an beide Projekte knüpften, wurden kaum erfüllt. Noch immer triumphiert in der Politik das Machtstreben über die Gerechtigkeit. Auch deshalb dürfte Habermas am 19. Januar 2004 um halb sieben Uhr abends die Räume der Katholischen Akademie in München betreten haben.

Natürlich empfahl er den Anhängern der Diskurstheorie nicht, in die katholische Kirche einzutreten und künftig den „Osservatore Romano" statt der „Frankfurter Rundschau" zu lesen. Er hielt Kant die Treue, dem liberalen Verfassungsstaat und dem Pluralismus nicht minder, auch vom Diskurs wollte er nicht Abschied nehmen, formulierte im Ganzen vorsichtiger, wissenschaftlicher als in der Paulskirche, vermied jeden Anschein einer Eingemeindung ins katholische Milieu. Doch bei der Beschreibung des sozialen Status quo konnte Ratzinger nur nicken.

Habermas beklagte „eine entgleisende Modernisierung der Gesellschaft", eine „zerknirschte Moderne". Als deren Kennzeichen benannte er: verfehltes Leben, gesellschaftliche Pathologien, Misslingen individueller Lebensentwürfe, entstellte Lebenszusammenhänge. In dieser Lage erwarte er vom säkularen Bewusstsein einen „selbstreflexiven Umgang mit den Grenzen der Aufklärung" und eine „Lernbereitschaft der Philosophie gegenüber der Religion". Wie Adorno und Horkheimer geht Habermas von einer „Dialektik der Aufklärung" aus. Der Fortschritt müsste folglich seine eigene Verlustgeschichte noch schreiben, müsste lernen aus den Fehlern der beiden vergangenen Jahrhunderte, als mit der Befreiung des Menschen dessen neue Verknechtung unter dem Diktat einer bloß instrumentellen, anwendungsorientierten, profit- und geltungssüchtigen Vernunft einherging. In milder Selbstironie rückte Habermas ab von der „ethischen Enthaltsamkeit eines nachmetaphysischen Denkens", das er ja selbst inthronisiert hatte.

Was Habermas den „komplementären Lernprozess" religiöser und weltlicher Mentalitäten nennt, ist bei dem Kurienkardinal vierzig Minuten später die „notwendige Korrelationalität von Vernunft und Glaube, Vernunft und Religion, die zu gegenseitiger Reinigung und Heilung berufen sind und die sich gegenseitig brauchen und das gegenseitig anerkennen müssen". Zu Recht erklärt er, er befinde sich „hinsichtlich der praktischen Konsequenzen in weitgehender Übereinstimmung mit dem, was Jürgen Habermas über die Lernbereitschaft und die Selbstbegrenzung nach beiden Seiten hin ausgeführt hat". Pathologien des Religiösen und Pathologien der Vernunft gelte es zu überwinden, Fundamentalismen hier wie da.

Eine eigene Pointe setzt Ratzinger, indem er das interkulturelle und darum globale Gespräch als den Raum einer solchen, typischerweise Reinigung genannten Begegnung ansieht. Dann könnte, so seine Hoffnung, „unsere säkulare Rationalität" erkennen, dass sie eben nur eine spezifisch westliche, im Weltmaßstab keineswegs alternativlose Form der Rationalität ist. Ohne es auszusprechen, könnte so die religiöse Rationalität, die Vernunft um des Glaubens willen, eine Aufwertung erfahren – und insbesondere die „Logos-Religion" par excellence, das laut Ratzinger zwingend vernünftige Christentum, der Glaube an das fleischgewordene Wort, die inkarnierte Vernunft. Als die Reden gehalten waren, disputierten die Referenten und das Publikum. Habermas musste sich von Ratzinger fragen lassen, wieso die vernünftige Moderne habe entgleisen können, wenn doch laut Habermas ein Staat, der seine Legitimität aus den demokratischen Verfahren bezieht, mit denen er zu Entscheidungen gelangt, kein sittliches Defizit habe. Müsse es nicht doch vorstaatliche Quellen der Ethik geben, damit die Prozeduren nicht zum „leeren Formalismus" werden, damit das Recht gesellschaftliche Akzeptanz erfahre? Dahinter steht die bekannte Warnung vor einem Schematismus, einem automatengleichen, menschenfeindlichen, rein abstrakten Denken, das er auch den Protagonisten der historisch-kritischen Methode unterstellt.

Habermas beharrte. Das demokratische Verfahren habe genügend legitimatorische Kraft. Vernunft erscheine im Dialog. Und dann wurde er laut, schlug mit der Hand auf den Tisch: „Wenn hier der Zynismus der professionellen Experten eindränge, bräche alles zusammen." Er dachte an die TV-Untergangspropheten, die der Demokratie ein schlechtes Zeugnis ausstellen, die sinkende Wahlbeteiligungen hämisch kommentieren, die Überdruss schaffen und Vorurteile schüren und den Demagogen in die Hände spielen. Auch da mochte Ratzinger nicht widersprechen, der kurz zuvor das Schlüsselwort des Abends wie nebenbei ausgesprochen hatte: Notschrei.

„Das Wort ist uns entrissen in Rom", hatte er gesagt. Alles, was der Vatikan von sich gebe, sei ein einziger Notschrei, ein verzweifelter Versuch, wieder gehört zu werden, wieder durchzudringen mit der Botschaft vom Naturrecht, „Vernunft ist im Sein selbst da". Dieses Menschheitswissen, „aus unserem Sein spricht uns etwas Vernünftiges an", müsse ganz neu artikuliert werden. Auch der interkulturelle Dialog sei ein Notschrei, das Anliegen verständlich zu machen. Habermas' freundlicher Satz, ihm fiele es am leichtesten, an den Heiligen Geist zu glauben, da die Vernunft der Logos der Sprache sei, war dem Kardinal kein Trost.

Notschreie sendet der Vatikan in die Welt, weil diese sich immer mehr als Schöpfung eigenen Rechts begreift, mit der nach Gutdünken zu verfahren jeder und jede das Recht habe. Die Natur als Spielmaterial, der Mensch als Züchtung und Rohstofflager, Flora und Fauna als Spekulationsobjekte, willkürlicher Zurichtung wehrlos ausgeliefert – auch diese Tendenzen könnten eine Folge des entglittenen Naturrechts sein.

Im Bekenntnis zum Notschrei eine Koketterie des Kirchenmannes zu sehen oder eine ganz private Melancholie, griffe wohl zu kurz. Keine andere globale Institution kann sich eines derart dauerhaften und starken Medieninteresses erfreuen wie die römisch-katholische Kirche. Doch Wahrnehmung und Umkehr sind zwei verschiedene Dinge. Und hartnäckiger als Benedikt hat lange kein Papst mehr darauf gedrungen, nicht nur gehört, nicht nur angestaunt oder bewundert zu werden, sondern durchzudringen mit seinen Worten bis ins Menscheninnere. Dort, wir wissen es, sollen Mensch und Gott sich begegnen. Dort entscheiden sich Heil oder Unheil. Wer der Botschaft zuhört, hat sich ihr noch lange nicht geöffnet. Darauf aber und auf nichts sonst kommt es Benedikt XVI. an. Deshalb warf Kardinal Ratzinger den Pluralisten vor, den Zugang zu Gott durch eine Wand aus Begriffen und Bezügen zu verstellen. Deshalb hat Benedikt in der Generalaudienz am 1. Juni den Menschen der Gegenwart Jesu Demut, Jesu Hingabe, Jesu Großmut als „Modell und Maßstab" empfohlen.

Demut, Hingabe, Großmut: Um mit diesem Notschrei die Herzen zu wenden, braucht man mehr als nur einen Goldklumpen auf den Schultern. Und weggeben darf man ihn erst recht nicht, auch dann nicht, wenn er drückt und beschwerlich ist, darf ihn nicht eintauschen gegen das rasende Pferd des Fortschritts, die Kuh der Bequemlichkeit, die Gans des Genusses, den Mühlstein des Erfolgs. Sonst ist man, wie die Brüder Grimm erzählen, zwar „frei von aller Last". Doch bei Matthäus stand zu lesen: „Mein Joch ist ja gut, und meine Bürde ist leicht." Der Papst glaubt mehr der Bibel als den Kinder- und Hausmärchen. Sollten wir uns darüber wundern?

Deutsch-römische Kollisionen

Die Befreiungstheologie und das Paradies auf Erden

Gelbe Fahnen, blauer Himmel, rote Schilder. Menschen tanzen, grübeln, lachen. Haidhausen ist „Stadtteil der Jugend", im Hofbräuhaus findet ein Liebesmahl statt für die ältere Generation, Kinder singen „Wir bauen eine neue Stadt". Zum ersten Mal gibt es eine Themenhalle für Frauen. „Werkstatt Frau und Frieden". Zelte bedecken die Theresienwiese. Anorakträger, Parkaträger, Brillenträger, Sandalen-, Vollbart- und gewiss auch Bedenkenträger, soweit das Auge reicht. Franz Josef Strauß und Manfred Wörner und Joseph Kardinal Höffner und Richard von Weizsäcker und Heiner Geißler, „Frauen, geht nicht zu Pro Familia!" Aufruhr liegt in der Luft, in der Münchner Sommerluft Anfang Juli 1984, auf dem 88. Katholikentag. Das Motto heißt: „Dem Leben trauen, weil Gott es mit uns lebt." Für Joseph Ratzinger wird es ein Sommer des Missvergnügens nach einem Frühling, der kälter war als der Winter. 1984, ein Schicksalsjahr, ein deutsches Jahr.

Die fünf Münchner Tage, hoffte der Präfekt der Glaubenskongregation in seiner Eröffnungsrede, mögen „eine Zeit des Lebens, nicht nur Zeit des Redens" sein. Wer seine Abneigung kannte gegen eine Kirche, die Versammlung sein will statt Gemeinschaft, Quasselbude statt Communio, vernahm den kritischen Unterton, mit dem Ratzinger der Veranstaltung entgegentrat. Er verweigerte sich aber nicht. Auf dem Forum „Abschied vom Fortschrittsglauben – was nun?" nannte er die Humangenetik eine größere Gefahr als die Atombombe. 500 Menschen kamen unterdessen in die Pfarrkirche St. Ursula nach Schwabing, um mit dem Körper zu beten. „Liturgische Tänze mit folkloristischen Elementen" standen auf dem Programm. Lauter noch war der Applaus für den Würzburger Theologen Rudolf Schnackenburg, der die „Theologie der Befreiung" würdigte. Die Kirche brauche neue Perspektiven und Sinnhorizonte. Nein, es war nicht der Sommer des Joseph Ratzinger.

Im selben Jahr noch erklärte er höflich und bestimmt: „Wenn bei dem sonst in vieler Hinsicht so geglückten Münchner Katholikentag der Bußakt der Messe durch eine heftig beklatschte Ballettpantomime ersetzt wurde, so ist an die Stelle der Buße ein Spektakel getreten, für das man sich gegenseitig Beifall spendet. Noch weiter kann man sich von dem, was mit einem Bußakt gemeint ist, schwerlich entfernen." Zumindest einen Höhepunkt hielt der Besuch in der alten Heimat aber bereit. Während andernorts das Karlsruher Gesangorchester „Akzente" und die Hohberger Gruppe „REMU" sich dem Sacro-Pop hingaben, besuchte der Kardinal das „Günter-Stöhr-Gymnasium". Dort hatte die Katholische Integrierte Gemeinde eine Kunstausstellung vorbereitet.

Dass die Rückkehr nach München kein Heimspiel wurde, lag auch an der Explosion eines lange schwelenden Konflikts, die in Deutschland besonders laut zu hören war. Am vorletzten Tag des Katholikentreffens, am 7. Juli 1984, lud die „Initiative Kirche von unten" in die Olympiahalle zur „Nacht der Solidarität". Abseits des offiziellen Programms erklärte man seine Verbundenheit mit den Unterdrückten Lateinamerikas. Der deutschstämmige Bischof von Fortaleza, Brasilien, Kardinal Aloísio Lorscheider, rief zum Import der Befreiungstheologie auf und bestätigte so Ratzingers schlimmste Befürchtungen: „Jede Theologie muss eine Befreiungstheologie sein. Eine Theologie, die bremst, können wir nicht unterschreiben. Ihr in Deutschland setzt große Hoffnungen in uns, und umgekehrt setzen wir in Lateinamerika große Hoffnungen in euch. Was wir von euch erwarten? Ihr müsst anfangen, denen bei der Befreiung beizustehen, die bei euch in Deutschland unterdrückt sind. Wenn ihr die Befreiung bei euch erfahrt, dann könnt ihr uns damit die beste Solidarität erweisen." Ein Gespenst ging wieder um in Deutschland. Der Klassenkampf kehrte zurück, Karl Marx kam aus dem südamerikanischen Exil, zwei Jahre nach Helmut Kohls „geistig-moralischer Wende". War es so?

Wie sehr schon den Regensburger Dogmatiker die Mitte der sechziger, Anfang der siebziger Jahre als Reaktion auf den Staatsstreich in Brasilien, die Entstehung weiterer autoritärer Regime und die massive Verelendung Südamerikas entwickelte „Theologie der Befreiung" beschäftigte, zeigt das Bändchen von 1977 über „Eschatologie, Tod und ewiges Leben". Ratzinger nennt es „mein am meisten durchgearbeitetes Werk". Ebenso wie in der Habilitationsschrift hält er die „Umwandlung der Eschatologie in politische Utopie" für widerchristlich. Niemals sollten Menschen sich anmaßen, einen friedlichen Endzustand der Geschichte herbeiführen zu wollen. „Wo das nur durch ein Wunder der Gnade Mögliche zum Konstruktionspunkt alles politischen Handelns gemacht wird, wo also das Unmögliche zum Leitfaden des Wirklichen wird, ist Gewalttätigkeit, Zerstörung der Natur und mit ihr des Humanen innere Notwendigkeit." Immer bei der Person, nie bei den Verhältnissen beginne die Umwandlung des Bestehenden. Ergo: Man ist entweder Marxist oder Christ, ein Drittes gibt es nicht.

Diesen dritten Weg wollten aber manche Protagonisten der Befreiungstheologie beschreiten – unterstützt von vielen deutschen Theologen, deutschen Intellektuellen –, einen dritten Weg zwischen der Diktatur des Proletariats und dem unverdienbaren Reich Gottes, und nicht immer lehnten sie Gewalt als Mittel der Befreiung ab. Im selben Jahr, da Ratzingers Darstellung christlicher Endzeittheoreme erschien, schrieben deutsche Theologen einen Protestbrief. Am 21. November 1977 unterzeichneten Johann Baptist Metz, Karl Rahner, Herbert Vorgrimler und andere das „Memorandum westdeutscher Theologen zur Kampagne gegen die Theologie der Befreiung". Dem theologisch eher konservativen „Studienkreis Kirche und Befreiung", 1973 von dem Essener Bischof Franz Hengsbach und einigen lateinamerikanischen Amtsbrüdern gegründet, warfen sie eine „militante Kampagne" und eine „Verunglimpfung der Gegenseite" vor. Der Marxismusverdacht sei unhaltbar. „Wo", fragten sie, „bleibt das Verständnis für den allenthalben gepriesenen Pluralismus in der Kirche?"

Abschließend spielten sie ihren größten Trumpf aus, die Karte namens deutsche Vergangenheit. „Wir können nicht ruhig hinnehmen, dass gerade die deutsche Kirche wieder einmal in den bösen Verdacht gerät, es mit den Mächtigen zu halten und das menschenfeindliche Verhalten sich christlich nennender Diktatoren zu übersehen. Wir fordern daher auf das Entschiedenste einen sofortigen Abbruch jeglicher Unterstützung der Kampagne gegen die Theologie der Befreiung."

Damit hatten sie einen wunden Punkt berührt. War die Ablehnung der Befreiungstheologie identisch mit einer Parteinahme zugunsten der Potentaten, gegen die sich die Befreiungstheologie wandte? Allzu viele Kirchenvertreter hatten es in der Vergangenheit an klarer Distanz zu solch sinistren Gestalten wie General Alfredo Stroessner in Paraguay, General Hugo Bánzer in Bolivien, General Anastasio Somoza in Nicaragua, General Augusto Pinochet in Chile oder den Militärherrschern Argentiniens fehlen lassen. Die Theologen warfen Bischof Hengsbach vor, den höchsten bolivianischen Verdienstorden „Kondor der Anden" entgegengenommen zu haben, eine Auszeichnung des Diktators Bánzer für den deutschen Gast.

Bereits 1968 hatten die lateinamerikanischen Bischöfe auf ihrer Generalkonferenz in Medellín die „Stunde des Handelns" ausgerufen. Jetzt sei der Augenblick da, „mit schöpferischem

Sinn die Aktion zu entwickeln, die es zu verwirklichen gilt und die mit der Kühnheit des Geistes und der Ausgewogenheit Gottes zu Ende geführt werden soll." 1971 erschien das Buch zur Bewegung, „Theologie der Befreiung" von Gustavo Gutiérrez. Im selben Jahr gründeten 80 chilenische Priester die Gruppierung „Christen für den Sozialismus", forderten die „konkrete Aktion an der Seite des Proletariats" und eine „strategische Allianz von revolutionären Christen und Marxisten bis zur gemeinsamen Verwirklichung des historischen Projekts der Befreiung". 1979 bekräftigte der lateinamerikanische Episkopat, wenn auch in abgeschwächter Form, „die Notwendigkeit der Umkehr der gesamten Kirche im Sinne einer vorrangigen Option für die Armen".

Aber nun erst, in den achtziger Jahren, erreichte der Konflikt eine weltkirchliche Dimension, wenngleich er sich rückblickend so liest, als trügen deutsche Intellektuelle eine deutsche Debatte im Medium der lateinamerikanischen Befreiungstheologie aus. 1984 eskalierte der Konflikt – im dritten Schicksalsjahr des Joseph Ratzinger nach 1933 und 1968. Dorthin, ins Jahr der Revolte, als es auf dem Katholikentag eine „Kapo" gab, Metz sich „Zur Theologie der Welt" äußerte und Ratzinger wie viele Professoren den Unmut der Studenten zu spüren bekam, führen auch diesmal die Spuren. 1984 erscheint ihm wie ein neues 1968. Wieder rüttelt eine marxistisch inspirierte akademische Elite an den Grundfesten des Glaubens, wieder vereinnahmt diese Elite breite Kreise, damals die Studenten, heute das südamerikanische Landvolk, für ihre Interessen, und wieder sind es deutsche Denker, deren Werk die Grundlage bildet für diese Eskalation, damals Marx und Bloch, nun Marx, Bultmann, Metz und Küng. Dass sich Geschichte zuweilen fast wiederholt: Davon ist Ratzinger durchdrungen. Doch jetzt ist er kein schüchterner Tübinger Hochschullehrer, sondern Präfekt der Glaubenskongregation. Eine Flucht in die Provinz kann es nicht geben.

Am 23. Januar 1984 veröffentlicht die peruanische Zeitschrift „Oiga" Ratzingers Aufsatz zur Befreiungstheologie. An der Universität Lima, in der Hauptstadt Perus, lehrte Gustavo Gutiérrez. Diesem hatte Ratzinger bereits im März 1983 ein Memorandum mit zehn kritischen Anfragen übermittelt. Die Befreiungstheologie, schreibt er nun, sei eine „fundamentale Gefährdung des Glaubens der Kirche", da sie „eine neue Auslegung des Christlichen geben will; sie erklärt Christentum als eine Praxis der Befreiung und will selbst Anleitung zu dieser Praxis sein." Die rechte Praxis, die Orthopraxie, dürfe aber nicht die rechte Lehre, die Orthodoxie, in den Worten Ratzingers: die „rechte Weise der Anbetung Gottes", ersetzen. Dahinter verberge sich das wissenschaftliche Konzept des evangelischen Theologen Rudolf Bultmann, der den „historischen Jesus" vom „Christus der kirchlichen Überlieferung" stark abgrenzte.

Die Alternative Orthopraxie oder Orthodoxie beschäftigt ihn lebenslang. Auch die Vorkämpfer der pluralistischen Theologie ernten deshalb gehörigen Widerspruch. 1996 zitiert er Knitters Satz, „das Absolute kann man nicht begreifen, wohl aber tun", und fragte rhetorisch, „wieso eigentlich? Die bloße Praxis ist kein Licht." In seiner Rede zum 25-jährigen Pontifikatsjubiläum Johannes Pauls II. benennt er als den Endpunkt einer orthopraktischen Auffassung: „Moralisch ist dann, was von den voraussehbaren Folgen her am meisten positiv erscheint. Das eigentlich Moralische hat abgedankt, weil es das Gute als solches nicht gibt. Für einen solchen Typus von Rationalität hat auch die Bibel nichts mehr zu sagen. Sie kann Motivationen liefern, für die Inhalte bedeutet sie nichts. Wenn es aber so ist, ist das Christentum als ‚Weg', der es doch sein sollte und wollte, am Ende. Und wenn man zuvor von der Orthodoxie in die Orthopraxie geflüchtet war, so wird damit Orthopraxie zu einer tragischen Ironie: Es gibt sie ja eigentlich gar nicht."

Die Angesprochenen meldeten sich zu Wort. Die Brüder

Clodovis und Leonardo Boff – Ersterem wurde im März 1984 die kirchliche Lehrerlaubnis entzogen, dem anderen im Mai 1985 ein einjähriges Bußschweigen auferlegt – beteuerten, den Marxismus nur „als Instrument zur Analyse der Gesellschaft zu gebrauchen". Angesichts der „beispiellosen Neuartigkeit der ungeheuren geschichtlichen Problematik" brauche man eine neue Theologie, die gleichwohl „keine Alternative zur traditionellen Theologie, sondern deren schöpferische Entfaltung und Anwendung" sei. Gutiérrez erklärte, kein Marxist zu sein, aber von Marx und dem deutschen protestantischen Theologen Karl Barth wichtige Anregungen erhalten zu haben. Bei Barth finde sich die Überzeugung, dass Gott durch die ganze Bibel hindurch sich als „der Verteidiger der Schwachen gegenüber dem Mächtigen manifestiert".

Viele deutsche Theologen stellten sich an die Seite der Befreiungstheologen und kritisierten Ratzingers „Kampagne". Karl Rahner schrieb Mitte März, zwei Wochen vor seinem Tod, an den Erzbischof von Lima, Gutiérrez vertrete eine orthodoxe Position. Der Brief dürfte dazu beigetragen haben, dass sich in der peruanischen Bischofskonferenz keine Mehrheit fand für disziplinarische Maßnahmen gegen Gutiérrez; 18 zu 18 endete die Abstimmung. Am 17. Juni verwahrten sich Hans Küng, Johann Baptist Metz, Jürgen Moltmann und andere Mitarbeiter der Zeitschrift „Concilium" gegen die Angriffe „besonders von seiten hoher kirchlicher Autoritäten" – gemeint war Ratzinger. Diffamierungen, Verdächtigungen, Lehrverbote bedeuteten „faktisch einen Angriff auf die Armen und Unterdrückten". Am 15. September schrieben Gotthold Hasenhüttl, Johann Baptist Metz und 17 weitere westdeutsche Theologen, sie seien von der „tiefen Spiritualität und großen Frömmigkeit" Gutiérrez' beeindruckt.

Kurz davor, am 3. September 1984, wurde die Instruktion der Kongregation für die Glaubenslehre „Über einige Aspekte der ‚Theologie der Befreiung'" publik. Es ist Wort für Wort, stilistisch wie inhaltlich, ein Aufsatz aus der Feder und dem Herzen Ratzingers. Die wesentlichen Elemente sind: Primat des Innen, „Bekehrung und Erneuerung müssen im Tiefsten des Herzens vollzogen werden"; intellektueller Antiintellektualismus, „der Begriff ‚wissenschaftlich' übt freilich eine fast mythische Faszination aus"; Antimaterialismus, „es ist eine tödliche Illusion zu glauben, neue Strukturen brächten von sich aus einen ‚neuen Menschen' hervor"; Antimarxismus, „Atheismus und die Negation der menschlichen Person befinden sich im Zentrum der marxistischen Konzeption"; außerdem das Bekenntnis zur transzendenten Gestalt der Kirche und zur sakramentalen Frömmigkeit: „Man bestreitet, dass die Teilnahme am gleichen eucharistischen Tisch für Christen, die ansonsten entgegengesetzten Klassen angehören, noch einen Sinn habe." Die Befreiungstheologie war der absolute Ernstfall im Denken und Glauben Ratzingers. Der Aufstand des Intellekts gegen den Glauben, der Utopie gegen die Eschatologie, des Kampfes gegen das Gebet, der Selbsterlösung gegen die Gnade – hier schienen alle widerkatholischen Gefährdungen zusammenzufallen.

In seiner Heimat hätte der Präfekt kaum eine Mehrheit gefunden für eine solche Deutung. Der „Nicaragua-Kaffee" hatte seinen Siegeszug angetreten, die „Sandinistische Befreiungsfront" genoss nach dem Sturz Somozas Sympathien, auch wegen ihres Widerstandes gegen den US-Geheimdienst CIA, und die „Eine-Welt-Läden" hießen zwar noch „Dritte-Welt-Läden", kämpften sich aber aus den Randbezirken langsam in die Innenstädte vor. Die eifrigsten Verfechter der Befreiungstheologie waren Akademiker der Geburtsjahrgänge 1930 bis 1940, die ebenso wie Ratzinger die Revolte von 1968 sehr bewusst erlebt und, anders als er, sich die studentischen Forderungen weitgehend zu Eigen gemacht hatten. 1968 war der Versuch, die deutsche Vergangenheitsbewältigung nachzuholen, 1984 trägt der Streit um die Befreiungstheologie Züge eines Stellvertreterkampfes.

Auf dem fernen Kontinent soll mit deutscher Unterstützung faschistischen Herrschern die Macht entrissen werden. Deutsche Intellektuelle – ein Kollektivsubjekt, das im „Dritten Reich" seinen Drang zum Widerstand oft zu zügeln wusste – wollen auf der Seite der Befreiung, der Emanzipation stehen. Und dann schreibt ein römischer Deutscher Brief um Brief in gegenteiliger Absicht, gibt sich Mühe, dieses, wie es in der „Concilium"-Erklärung hieß, „Zeichen der Hoffnung" auszuradieren. Der römische Deutsche seinerseits deutet mit dem Finger auf seine Landsleute, halb bedauernd, halb verzweifelt darüber, dass sie es waren, in deren Gedankenwelt die Befreiungstheologie auch geboren wurde. Nimmt man beide Seiten beim Wort, dann schufen Deutsche ein weltweites Hoffnungszeichen, das ein Deutscher im Alleingang vernichten will. Wechselseitig bestätigte man sich so in seinen Verkennungen.

Der Theologe Norbert Greinacher, Tübinger Kollege Hans Küngs, engagierter Befürworter der Befreiungstheologie, Unterstützer von „Wir sind Kirche", nennt es „erwiesen", dass von Jürgen Moltmanns „Theologie der Hoffnung" (1964) und Metz' „Zur Theologie der Welt" (1968) „Einflüsse auf die Theologie der Befreiung ausgegangen sind". Leonardo Boff studierte in München bei Karl Rahner (und hatte Joseph Ratzinger zum Doktorvater), der brasilianische Befreiungstheologe Alberto Moreira wurde von Johann Baptist Metz promoviert. Dessen ideelle Ahnherrschaft dürfte neben seiner eigenen neomarxistischen Ausrichtung dazu beigetragen haben, dass Ratzinger gemeinsam mit dem bayerischen Kultusminister Hans Maier, der dann als Präsident des ZdK den Münchner Katholikentag eröffnete, Metz von einer Professur in München fernhielt. 1963 hingegen, schreibt Ratzinger, wurde Metz „auf meinen Rat hin auf den Münsteraner Lehrstuhl für Fundamentaltheologie berufen".

1979 verhinderte er als Erzbischof den Wechsel des ehemaligen Kollegen in die Landeshauptstadt. Immerhin versöhnten sich die beiden Theologen laut Metz bereits ein Jahr später: „Als ich Ratzinger nach seiner Intervention gegen mich 1980 auf dem Berliner Katholikentag begegnete, hatte ich längst meinen Gleichmut wiedergefunden. Er fragte: ‚Erschießen Sie mich jetzt?‘, und ich antwortete: ‚Sie wissen doch, Priester tragen keine Pistolen.‘"

Von Metz wäre kaum zu befürchten gewesen, dass er mit seinen Studenten die Innenstadt blockiert oder die oberbayerische Landbevölkerung zum Sturm auf die Münchner Staatskanzlei ermuntert. Stets hielt er am „eschatologischen Vorbehalt" fest, der sich trotz aller Sympathie für die politische Aktion gegen jede Trivialisierung der christlichen Endzeiterwartung sperrt. Auch hat er die Überhöhung des einfachen Volkes zur Quelle tieferer Weisheit nie mitvollzogen. Er wäre selbst in München nicht der personifizierte Ernstfall gewesen, als den Ratzinger ihn offensichtlich sah.

Ebenso groß war das Maß an Verkennung und Verzeichnung, mit dem die Anti-Ratzinger-Partei ihre Hoffnung auf ein politisiertes, „linkes" Christentum setzte, die idealisierende Leidenschaft, mit der sie den Wind des Wandels aufsog. Christentum ist doch wohl das Erfordernis der Stunde, die helfende Hand, der tröstende Blick. Umkehr vollzieht sich, schenkt man Jesus Glauben, im Innern dessen, der glaubt. Dieses Innere – nenne man es Seele oder Bewusstsein oder Herz – bedarf der Läuterung, auch der Korrektur. „Mit Maschinengewehr und Kreuz", so der Titel eines Sammelbandes von 1971, lässt sich Umkehr nicht erzwingen. Auch die strikt zivile Form eines geläuterten Marxismus muss fraglich bleiben, weil stets ein Bevölkerungsteil aufsteht gegen einen anderen, weil eine Gruppe die andere Gruppe vertreiben will. Die gottgeschenkte Sabbatruhe braucht umgewandelte, nicht vertriebene Menschen, sonst ist es die Ruhe eines Friedhofs.

Die Befreiungstheologie „sinkt allmählich ins Vergangene ab", sagte Ratzinger 2000. Acht Jahre zuvor hatte der doch noch mit einem Lehrverbot belegte Leonardo Boff erklärt, auf sein Priesteramt verzichten zu wollen. Geblieben ist die „bevorzugte Option für die Armen", die in Ländern der Massenarmut den Kern der christlichen Verkündigung ausmacht und im Rest der Welt viel zu leisetreterisch vertreten wird. Diese Option stand immerhin im Zentrum des „Sozialworts" der beiden großen deutschen Kirchen von 1997, „Für eine Zukunft in Solidarität und Gerechtigkeit". Benedikt XVI. hat mehrfach die Bedeutung einer „gesellschaftlichen Entwicklung" betont, „die die Würde jedes Menschen achtet" und die Würde der menschlichen Arbeit garantiert.

Mit solchen Appellen hätte Kardinal Ratzinger die Herzen der Deutschen erobert. Doch der Glaubenshüter wurde als Störenfried wahrgenommen, der den deutschen Debattenkonsens stört. Ganz entschieden widersprach er Punkten, die längst fraglos schienen. So war es 1993 beim Katholischen Katechismus, 2000 bei „Dominus Jesus", 2003 beim Ökumenischen Kirchentag und in der ganzen, quälend langen Zerrüttungsgeschichte namens Schwangerenkonfliktberatung. Allesamt: Szenen keiner Ehe.

Ein Weltkatechismus, die Einzigkeit Jesu und die deutsche Ökumene

In einem Vortrag 1983 in Lyon forderte Ratzinger, „den Katechismus als Katechismus zu wagen", das heißt, den „Unterrichtenden" eine Zusammenstellung der katholischen Glaubensinhalte in gedruckter Form zur Hand zu geben. 1986 berief Johannes Paul II. eine entsprechende Kommission mit Ratzinger an der Spitze ein. Am 17. Mai 1993 wurde die deutsche Ausgabe vorgestellt, und der Ärger begann.

Für Ratzinger ist es „ein sehr gründliches und gutes Werk" geworden, das „auf eine Mauer der Skepsis, ja der Ablehnung in Teilen der katholischen Intelligenz der westlichen Welt" gestoßen, doch „in ganz unterschiedlichen Ländern und sozialen Milieus positiv angenommen worden" sei. Die Kritiker vor allem deutscher Zunge bescheidet er knapp: „Der Katechismus ist nicht ein Buch der Theologie, sondern des Glaubens. Seine Sprachgestalt ist grundsätzlich nicht der Disput, vielmehr das Zeugnis."

Gibt der Katechismus aber nicht ein falsches Zeugnis ab? So muss es sein, zieht man eine Summe aus dem Entsetzen deutscher Theologen. Demnach ist der Katechismus grausam aus der Zeit gefallen. Weder Evolutionslehre noch die Erkenntnisse der Bibelwissenschaft nehme er zur Kenntnis; die Schrift deute er wörtlich, am dritten Tage stand Jesus auf, der Sündenfall war ein historisches Ereignis; Zitate jeder Couleur mische er durcheinander, ohne die Aussagesituation zu berücksichtigen; er sei das Produkt einer peinlichen Blickverengung, stehe dem Religions- und Weltfrieden im Weg, überall blieben „schwerwiegende Bedenken und Fragen" zurück, er dokumentiere die „Unfähigkeit, bei aller Wahrung der Glaubenssubstanz flexibel auf neue Herausforderungen zu reagieren und missionarisch zu wirken", und in Abschnitt 990 über die „Auferstehung des Fleisches" betreibe er gar Häresie, deute jene nämlich um in eine Auferstehung „als reine Re-Inkarnation, Rückkehr ins gebrochene Leben des Menschen".

Nicht in dieser Detailfrage, die den Glaubenshüter zum Häretiker erklärt, wohl aber in Gestus und Tonfall ist das Buch zweier Landauer Theologen ein Pars pro toto des deutschen Grolls. Sie heben, so der Untertitel des „Studien- und Arbeitsbuches für Studenten, Religionslehrer, Katecheten und alle an der aktuellen theologischen Diskussion Interessierten", den Katechismus „auf den Prüfstand" und senden ihn als hoffnungslosen Fall zurück an den kurialen Urheber. „Setzen, Ratzinger, Sechs." Schon der Umschlag ist denunziatorisch. Ein Gemälde Wilhelm Leibls zeigt „Drei Frauen in der Kirche". Das Bild stammt von 1881. Zwei der Frauen in bäuerlicher Tracht blicken angestrengt in kleine Bücher, eine davon ist kurzsichtig, die dritte betet mit gefalteten Händen. Die Köpfe aller sind bedeckt. So wird es also wieder ausschauen in Deutschlands Kirchen, wenn man dieses Dokument einer römischen Veirrung liest und befolgt. Dann gibt es wieder Frauenbank und Frauentracht und die Pflicht, das Haar züchtig zu bedecken. Die Frauen werden beten oder lesen, aber schweigen.

So weit ist es nicht gekommen. Mehr denn je sind Frauen die Aktivposten fast aller Pfarreien, stünde das Gemeindeleben ohne Katechetinnen, Lektorinnen, Organistinnen vor dem Kollaps. Ob nun die Theologen Helmut Fox und Wolfgang Pauly den Katechismus falsch gedeutet haben oder ob dieser von niemandem gelesen oder von niemandem befolgt wurde, wissen wir nicht. Auf jeden Fall hält der Katechismus Stolpersteine bereit für jeden aufgeklärten Geist. „Durch den Glauben ordnet der Mensch seinen Verstand und seinen Willen völlig Gott unter." Kein islamischer Fundamentalist, kein ultraorthodoxer Jude spricht hier, sondern das vatikanische Lehramt, indem es eine Aussage des Zweiten Vatikanums („Dei Verbum") aufgreift, die ihrerseits an eine Dogmatische Konstitution von 1789 anknüpft. War das denn nötig? Nein. Ist es denn falsch? Nein.

Die Ablehnung des Katechismus erreicht in Deutschland die höchste Intensität, sobald das Verhältnis zu den anderen Konfessionen berührt oder eben gerade nicht berührt wird. „Ökumenische Annäherung findet nicht statt", „es fehlen die positiven Signale", fast überall entdecken Fox/Pauly „mangelnde ökumenische Sensibilität", auf fast jeder Seite „eine das ökumenische Klima störende Formulierung". Der Katechismus – ein Störfall? Alles Liebliche, Konziliante fehlt ihm, und trennscharfe Sätze wie der oben zitierte müssen Entsetzen auslösen bei Wissenschaftlern, deren Tagesgeschäft im Differenzieren besteht. Der habilitierte Professor in Rom wiederum wäre darüber nicht gar so entsetzt, falls es ihm nicht doch darauf ankäme, für ein neues, er würde sagen: das einzig-ewige Bild des Glaubens zu werben und so einen Umsturz der bestehenden Theologie in Gang zu setzen. Sie soll wieder – und gerade in der alten Heimat – ausschließlich das Bemühen sein, „eine ihr vorausgehende Gabe der Erkenntnis zu verstehen". Und was bereits erkannt wurde, den gewissermaßen vor-theologischen Glaubenskern, will der Katechismus bündeln, ohne ein Kind seiner Zeit zu sein.

Das Erregungspotential, das der Katechismus in sich trug, war ein milder Frühlingswind, verglichen mit dem Orkan der Entrüstung, den sieben Jahre später die „Erklärung Dominus Jesus – Über die Einzigkeit und Heilsuniversalität Jesu Christi und der Kirche" auslöste. Kaum hatte Ratzinger das Dokument der Glaubenskongregation am 5. September 2000 vorgestellt, entfaltete es seine Kräfte und schweißte Protestanten und Katholiken zusammen – in der Ablehnung, im Kopfschütteln, im Zorn und in der Wut. Nur in Nuancen unterschieden sich viele Stellungnahmen. War „Dominus Jesus" nur „papiernes Pfaffengeflüster" (Fulbert Steffensky) oder, martialischer gedacht, eine „Kombination aus mittelalterlicher Rückständigkeit und vatikanischem Größenwahn" (Hans Küng)? Wie ernst die Lage war, zeigt ein Blick ins bayerische Weilheim. Am Sonntag, dem 17. September, ließ der katholische Stadtpfarrer in der evangelischen Apostelkirche durch den Pfarrgemeinderatsvorsitzenden eine Solidaritätsadresse vortragen. Man werde sich durch „Dominus Jesus" nicht von der ökumenischen Zusammenarbeit abbringen lassen. „Viele Gläubige", vermeldet die Regionalzeitung, „verließen den Gottesdienst mit Tränen in den Augen."

Bereits am 6. September war „Wir sind Kirche" über diese „ungeheure Beleidigung" der reformatorischen Kirchen entsetzt und bat die „Europäische Gesellschaft für katholische Theologie" um den Anti-Ratzinger-Schulterschluss. Dieser erfolgte am 13. September mit der „Stellungnahme des Vorstandes der Deutschen Sektion". Mit der Erklärung sei die Glaubenskongregation hinter das Zweite Vatikanum zurückgefallen und habe „Tendenzen zur Ideologisierung und fundamentalistischen Überfremdung des Glaubens" Raum gegeben. Außerdem berief man ein Kolloquium ein, um die „Sachproblematik" wissenschaftlich zu erörtern.

Die Erörterung im Kreise der Kollegen führte dann zu einem Meinungsbild, das in seiner Monumentalität und Geschlossenheit der römischen Erklärung auf Augenhöhe begegnet. Nun hätten endgültig die „von Johannes XXIII. in die Schranken gewiesenen ‚Unglückspropheten' das Sagen", Ratzingers Kirchenbegriff stehe „weithin im Widerspruch zu den bisher geläufigen Deutungen", er selbst rechne zu den „Kontrollneurotikern" und versuche dem „Autoritätsverlust des kirchlichen Lehramtes durch kirchenrechtliche Maßnahmen und autoritative Klarstellungen entgegenzuwirken". Willkür und Machtwille herrschten in Rom, wenig sonst.

Fast bekam man Mitleid mit dem häretischen Fundamentalisten und neurotischen Unglückspropheten. Kann denn ein einziges Dokument von knapp 30 Seiten so viel Dummheit, so viel Hinterlist enthalten? Der Kardinal wollte darstellen, was seit vier Jahrzehnten darzustellen er nicht müde wird. Er wollte, sagt er, eine Antwort geben auf die „alles einebnende pluralistische Religionstheologie, vor allem in Richtung Indien, Asien und Amerika" – aus der Note der Glaubenskongregation zu Leonardo Boffs „Versuch einer militanten Ekklesiologie", „Kirche, Charisma und Macht", wird zitiert. Ratzinger wollte einmal mehr daran „festhalten, dass es eine universale, verpflichtende, gültige Wahrheit in der Geschichte gibt, die in Jesus Christus Fleisch geworden ist und durch den Glauben der Kirche weitergegeben wird". Doch die deutschen Leser stürzten sich aus begreiflichen Gründen auf den einen Satz: „Die kirchlichen Gemeinschaften, die den gültigen Episkopat und die ursprüngliche und vollständige Wirklichkeit des eucharistischen Mysteriums nicht bewahrt haben, sind nicht Kirchen im eigentlichen Sinn." Lutheraner, Kalvinisten, Altkatholiken mussten sich sagen lassen, keine Kirche zu bilden im eigentlichen Sinn. „Das haben die evangelischen Christen natürlich als Affront empfunden" (Margot Käßmann). Als noch größeren Affront empfanden es die katholischen Ökumeniker.

Deutschland ist das Mutterland der Glaubensspaltung und es soll zur Geburtsstätte werden einer neuen Einheit. Hans Joachim Meyer, der Präsident des ZdK, sprach den meisten Katholiken aus der Seele, als er erklärte, „dass jene Länder, die ein hohes Maß von konfessioneller Verschränktheit aufweisen, eine besondere Funktion haben". Ihnen komme eine „besondere Aufgabe zu im Drängen nach einer guten und überzeugenden Lösung". Ganz besonders in Deutschland leben Katholiken und Protestanten eng beieinander, ist die gemischtkonfessionelle Ehe Regel, nicht Ausnahme. Diese deutsche Realität bildet den Antrieb hinter dem Drängen etwa nach einem gemeinsamen Abendmahl, einer gemeinsamen Eucharistie.

Auch der Professor und Kardinal erlebte diese Realität. Und in seinen Arbeiten zitiert er häufig die Theologen Barth, Harnack, Bultmann, Troeltsch – den Erstgenannten meist zustimmend, die übrigen meist ablehnend. Er muss sich für sie interessieren, weil er sich für das Werden des deutschen Protestantismus und der deutschen Nation interessiert. In seinen zivilisationskritischen Äußerungen und dem hohen Rang des Sündenbewusstseins könnte er sich durch intensive Lektüre Martin Luthers bestätigt gesehen haben. Dessen „Sola scriptura" – allein die Schrift sei Quelle des Glaubens – lehnte der Präfekt der Glaubenskongregation natürlich ab; „ein Buch gehört unbedingt in den Lebenszusammenhang der Kirche hinein." Doch der Freisinger Nachwuchsforscher hatte nicht jenen „Auslegungsgrundsatz von deutlich progressivem Charakter" verschwiegen: „Alle Überlieferung vermag nichts gegen den unmittelbaren Spruch des Herrn – das ist die kühne Weisheit des Wortes, mit der Bonaventura den Durchbruch zur unmittelbaren Begegnung mit der Schrift findet."

Benedikt XVI. bekannte sich in der ersten Messe nach seiner Wahl zu der „vorrangigen Verpflichtung, mit allen Kräften an der Wiederherstellung der vollen und sichtbaren Einheit aller Jünger Christi zu arbeiten". Dazu bräuchte es „konkrete Gesten, die das Herz erfassen und die Gewissen aufrütteln, indem sie jeden zu der inneren Umkehr bewegen, die die Voraussetzung für jedes Fortschreiten auf dem Weg der Ökumene ist". Er selbst wolle „alles in seiner Macht Stehende tun, um das grundlegende Anliegen der Ökumene zu fördern", er sei „fest entschlossen, jede Initiative zu pflegen, die angemessen erscheinen mag, um die Kontakte und das Einvernehmen mit den Vertretern der verschiedenen Kirchen und kirchlichen Gemeinschaften zu fördern".

Mitte Juni, beim Treffen mit dem Generalsekretär des Weltkirchenrates, dem kenianischen Methodisten Samuel Kobia, wiederholte er wie schon beim Eucharistischen Kongress Ende Mai diese Zielvorgabe, ergänzte sie um den Ausdruck Johannes Pauls II., die „spirituelle Ökumene" sei das Herzstück aller Bemühungen, und nannte schließlich das Bekenntnis der Kirche zur Suche nach Einheit „irreversibel". Damit ist klar geworden: Die „volle und sichtbare Einheit", also die eine Kirche Christi, bleibt das Ziel, jedoch kann der Papst nicht alles tun, was ihm in den Sinn kommt, nur, was in seiner Macht steht. Der Vorbehalt der Tradition gilt weiterhin. Die geistige Ökumene, das gemeinsame Gebet, das gemeinsame Engagement, ist der Weg – vielleicht aber auch der einzige irdisch erreichbare Endpunkt.

Kardinal Ratzinger hatte 1996 ausgesprochen, was insgeheim auch Benedikt, der Realist, denken mag: „Eine absolute, eine innergeschichtliche Einheit der Christenheit wage ich nicht zu hoffen. Man sollte sich vor utopischen Hoffnungen hüten."

Viele katholische Theologen sind gewissermaßen Luthers Erben. Sie berufen sich in den Auseinandersetzungen mit Rom auf ihr Gewissen. Mit diesem Argument durchfochten sie den letztlich vergeblichen Kampf um den Verbleib katholischer Beratungsstellen im staatlichen System der Schwangerenkonfliktberatung. Nachdem Johannes Paul II. erklärt hatte, die Mitwirkung an der Abtreibung verdunkle das christliche Zeugnis, empörte sich im Oktober 1999 die „Deutsche Sektion der Europäischen Gesellschaft für katholische Theologie". Vereinfachte Denkmuster, Klischees und Schlagworte hälfen nicht weiter, im Übrigen könne die „Gewissensentscheidung hier nicht kirchlichem Gehorsam weichen". Noch deutlicher wurde der Jesuit Peter Knauer: „Die lehramtliche Kompetenz des Papstes kann nicht darin bestehen, sein eigenes subjektives Gewissen zur Norm für andere zu machen."

Wenn es zwischen den Konfessionen faktisch ein so enges Band gibt, wäre es da nicht sinnvoll, mitten in der deutschen Hauptstadt einen „Ökumenischen Kirchentag" zu veranstalten? Gedacht, gehofft, getan. Voll des Lobes waren 2003 die Veranstalter, der Deutsche Evangelische Kirchentag und das Zentralkomitee der deutschen Katholiken, begeistert manche Bischöfe. Die Zeit der Trennungen sei vorüber, im neuen Jahrtausend müssten die Christen endlich gemeinsam der Welt von ihrer Hoffnung erzählen. Der Kölner Kardinal Meisner beklagte aber einen „großen Desorientierungs- und Verwirrungsschub", Kurienkardinal Ratzinger eine „Konturlosigkeit", ein „Sich-selber-Feiern und -Genießen", was wiederum Kardinal Lehmann erboste, diese Einwände seien „unangemessen und in gewisser Weise auch verletzend".

Meisner und Ratzinger sahen das Ereignis sehr stark durch die katholische Brille. Dass eine gemischtkonfessionelle Veranstaltung die katholische Kontur nicht unbedingt schärfen kann, liegt in der Sache begründet. Es ist leicht, sich einen erzürnten Kurienkardinal vorzustellen, wie er das fast 800 Seiten starke Programm des Kirchentages durchblättert.

Er hätte, wenn er denn in Berlin gewesen wäre, besuchen können: eine „christlich-muslimische Feier zur Himmelfahrt", Gesprächsrunden über „geschlechtergerechte Ökumene" und „schwule und lesbische Ansprüche an die Theologie", einen Vortrag des XIV. Dalai Lama, eine Ausstellung zum Thema „Reizwäsche und Passionsfahnen", ein Konzert mit „7 Flötenspielern aus 7 Kulturen für den Frieden unter den Religionen und Völkern", eine „praktische Einführung in befreiungstheologische Bibelarbeit im Sinne lateinamerikanischer Basisgemeinden", Referate bekennender Atheisten unter dem Titel „Ich glaub' nix, mir fehlt nix". Das allgegenwärtige „Kirchenvolks-Begehren Wir sind Kirche" lud in charmanter Weise zum „Podium Frauen + Amt + Macht" und versprach: „Frauen verschiedener christlicher Konfessionen diskutieren die Frage, ob und wie sie durch ihre Arbeit innerhalb der Hierarchie Veränderungen in den Kirchen herbeiführen können. Ein Thema, das nicht nur Frauen interessieren sollte." Auch eine „Katholikin mit Diakonatsausbildung" war angekündigt.

Er hätte, wenn er denn in Berlin gewesen wäre, sich die Frage stellen können: Ja, war denn alles umsonst? War denn alles in den Wind gesprochen und geschrieben, wenn anno 2003 die Christen meiner Heimat sich so präsentieren? Wenn sie sich gegenseitig applaudieren, wie damals bei der Ballettpantomime auf dem Katholikentag, und allen Glauben über einen Kamm scheren? Und dann gab es ja noch die verbotene „Offene Kommunion", die Gotthold Hasenhüttl in der Gethsemane-Kirche aus zwei Brotkörben reichte. Spätestens jetzt hätte der Kardinal sich abgewandt und Berlin verlassen. Hoffnungslos? Keineswegs. Gerade die ästhetischen und liturgischen „Verwirrungen" zwischen multireligiöser Andachtsfeier, Klatsch- und Hüpf-Gottesdiensten und der Rebellion gegen das kirchliche Eucharistieverständnis hätten ihn in seiner Überzeugung bestärkt: Nur die Schönheit kann uns retten.

Der Papst als Ästhet

Ein Gottesbeweis namens Schönheit und ein Hindernis namens Adorno

Die leidenschaftlichsten, zärtlichsten Worte fand der Kardinal für die Liturgie. Auf keinem Gebiet gab er sich durchweg so kämpferisch wie auf dem Gebiet der Liturgie. Benedikt XVI. ließ gleich zu Beginn seines Pontifikats keinen Zweifel daran, dass sich Wohl oder Wehe eines erneuerten Christentums hier entscheiden, dass der Glaube da gestärkt oder verwässert wird, wo er sinnenhaft Ereignis wird, in der Liturgie.

Unmittelbar nach seiner Wahl appellierte er an die Kardinäle, „in den kommenden Monaten die Liebe und Verehrung Jesu in der Eucharistie zu verstärken, vor allem durch die Feierlichkeit und Korrektheit der Gottesdienste". Seine Inaugurationspredigt war in weiten Teilen eine Deutung der beiden zentralen liturgischen Symbole, der Papstinsignien Pallium und Fischerring. In der Generalaudienz vom 25. Mai definierte er die Liturgie als den bevorzugten Ort des Gotteslobs. Tags darauf, bei der Fronleichnamsprozession, erlebte Rom einen derart in sich gekehrten, fast unscheinbaren Papst, dass Radio Vatikan kommentierte: „Dieser Pontifex nimmt sich sehr zurück und versucht, die Aufmerksamkeit auf das Eigentliche der Liturgie zu lenken."

Die Liturgie ist eine besonders verdichtete Form ästhetischer Erfahrung. Als Ästhet steht Benedikt XVI. in der Traditionslinie Platos. „Ich bin ein Stück weit Platoniker", sagte der Kardinal 1996. In dreierlei Hinsicht wirkt sich der Platonismus aus. Wie Plato bringt Ratzinger dem Buchstaben, der Benennbarkeit der Welt allein durch Worte, Skepsis entgegen. „Platon", schrieb er 1999, „lehnt nicht die Schrift als solche ab, aber er stellt eine Warntafel auf, deren Ernst durch die Folgen der linguistischen Wende täglich belegt wird. Es ist das Überhandnehmen einer philologischen Methode und der damit einhergehende Realitätsverlust, wovor Platon warnt." Wie Plato sieht er, zweitens, in der Moral – abzulesen auch an seinen Münchner Äußerungen in der Debatte mit Habermas – die vorpolitische Grundlage des Gemeinwesens. „Plato", schrieb er 1992, „geht davon aus, nur derjenige könne gut regieren, der selbst das Gute kennt und erfahren habe. Er geht auf den biblischen Grundgedanken zu, dass Wahrheit nicht von der Politik produziert wird." Vor allem aber teilt Ratzinger, wie er es 1984 formulierte, weitgehend das „platonische Weltbild, in dem der sichtbaren Erscheinungswelt die unsichtbare Substanz als das Eigentliche gegenübersteht". Im selben Aufsatz „Über die Hoffnung" stand auch: „Glauben bedeutet einen Boden gefunden haben, an die wirkliche Substanz aller Dinge herankommen", bedeutet, „aus dem Schattenspiel der zerfallenden Dinge heraustreten".

Der Philosoph Josef Pieper, auf den sich Ratzinger mehrfach bezieht und dem er freundschaftlich verbunden war, legte mit seinem 1962 erschienenen Kommentar zum platonischen Dialog „Phaidros" ein für Ratzingers Ästhetik ebenso wichtiges Werk vor, wie es Henri de Lubacs „Katholizismus" für sein Bild von Kirche war. Wenn Ratzinger 2002 bekäftigt, laut dem „Phaidros" reiße die Schönheit den Menschen aus der Zufriedenheit des Alltags, „der Pfeil der Schönheit trifft den Menschen, verwundet ihn und beflügelt ihn, zieht ihn nach oben", Schönheit sei „eine höhere Art des Erkennens", dann gibt er sehr genau seine Pieper-Lektüre wieder. Bei Josef Pieper war schon 1962 zu lesen, Plato zufolge sei die „Erschütterung in der Begegnung mit Schönheit insofern eine Gestalt der theia mania, des gottgewirkten Außer-sich-Seins, als das in ihr wahrhaft Sich-Ereignende nicht ‚Befriedigung' sei, gerade nicht Heimischwerden im Hiesigen, sondern Öffnung des inneren Daseinsraumes auf eine unendliche Stillung hin, die ‚hier' nicht zu haben ist – es sei denn in der Weise von Sehnsucht und Erinnerung. Dem, der im Anblick irdischer Schönheit der wahren Schönheit sich erinnert, ‚wachsen die Schwingen …'" Schönheit ist eine Brücke zur Transzendenz, christlich gewendet: zum dreieinigen Gott.

Es mag überraschen, wie oft und wie entschieden sich der Kardinal in diesem Sinne äußerte, sobald er über jene Kunstform sprach, die sein Bruder Georg praktiziert, der er selbst am Flügel huldigt und die lange als die vollkommenste aller Künste galt: die Musik. Schon als Kind hörte er in Salzburg Beethovens neunte Symphonie, dirigiert von Hans Knappertsbusch, und ebendiese spielte das Orchester des Mitteldeutschen Rundfunks aus Leipzig im Oktober 2003 zum 25-jährigen Pontifikatsjubiläum Johannes Pauls II. Der Kardinal deutete die „Freude schöner Gotterfunken" als Freude über den „Gottesfunken, der sich uns durch die Musik mitteilt und die Gewissheit gibt: Ja, den guten Vater gibt es wirklich, und er ist nicht bloß fern über dem Sternenzelt, sondern durch den Sohn mitten unter uns." Wenn Musik Gewissheit schafft, ist sie folglich ein Gottesbeweis.

Ebenfalls 2003 nannte er das berühmte „Halleluja" Georg Friedrich Händels einen „Lichtstrahl, in dem der Stern des Glaubens, die Gegenwart Jesu Christi weiter leuchtet". Ausführlich schilderte er ein Jahr zuvor die Erinnerung an ein Konzert mit Kantaten Johann Sebastian Bachs in München, Dirigent war Leonard Bernstein. „Wer das gehört hat, weiß, dass der Glaube wahr ist. In dieser Musik war eine so unerhörte Kraft anwesender Wirklichkeit vernehmbar geworden, dass man nicht mehr durch Schlussfolgerung, sondern durch Erschütterung wusste, dass dies nur geboren werden konnte durch die Kraft von Wahrheit, die in der Inspiration des Komponisten sich gegenwärtig setzt." Womit wir wieder bei Plato wären und bei Pieper und bei der Schönheit als einer Erscheinungsform von Wahrheit. In der Inspiration, der Begegnung mit einer „anderen, höheren, göttlichen Macht", erfährt der Mensch, so Josef Pieper 1962, die „Fülle vor allem der Einsicht, des Lichtes, der Wahrheit, der Wirklichkeitsaufhellung, die ihm sonst einfachhin unerreichbar bliebe".

Seit der Nachkriegszeit aber steht Deutschland, ästhetisch gesehen, im Banne Adornos und damit eines dezidierten Antiplatonismus. Der Holocaust, die kitschig-sentimentale nationalsozialistische Staatskunst, in deren Formen sich Ausgrenzung und Vernichtung des Widerständigen kleideten, etwa der „entarteten Kunst", und der scheinbare Anschluss an die Traditionen des Idealismus und der „Eigentlichkeit" hinter den Dingen hatten Plato und seine Überzeugung von der versittlichenden Wirkung des Schönen gründlich diskreditiert. Adorno schrieb 1948, „die Unmenschlichkeit der Kunst muss die der Welt überbieten, um des Menschlichen willen", 1951 dekretierte er, „es gibt nichts Harmloses mehr. Noch der Baum, der blüht, lügt in dem Augenblick, in welchem man sein Blühen ohne den Schatten des Entsetzens wahrnimmt. Es ist keine Schönheit und kein Trost mehr außer in dem Blick, der aufs Grauen geht, ihm standhält und im ungemilderten Bewusstsein der Negativität die Möglichkeit des Besseren festhält." In der 1970 posthum veröffentlichten „Ästhetischen Theorie" ist Kunst prinzipiell das „Gedächtnis des akkumulierten Leidens". Schönbergs Zwölf-Ton-Technik war für Adorno die einzige zeitgemäße Kompositionsform, Mozart und Beethoven und die ganze Tonalität seien Lüge geworden.

Sehr genau nahm Ratzinger diese Neubegründung des Ästhetischen aus dem Geist der Ideologiekritik wahr; das belegen seine vielen, en passant eingestreuten Verweise auf Adorno. Ein

Satz wie jener vom „überzeugenden Wahrheitsbeweis" des Christlichen, das die Heiligen und die vom Glauben hervorgebrachte Schönheit seien, „allem Negativen entgegen", ist auch ein kritischer Kommentar zu Adornos „Negativer Dialektik". Eine weitere Abgrenzung von Adorno vollzieht er mit der Einschätzung, ein Irrtum sei es, die Freude unter Generalverdacht zu stellen, „wenn man sich freut, hat man schon Angst, sich gegen die Solidarität mit den vielen Leidenden zu vergehen". Gleichwohl redet er keinem klassizistischen Schönheitsideal das Wort. Er erinnert daran, dass mit der Darstellung des gekreuzigten, verwundeten, bespuckten Jesus die Hässlichkeit ein Element der Schönheit wurde. „In der Passion Christi ist die bewundernswerte griechische Ästhetik nicht aufgehoben, aber überschritten worden. Die Erfahrung des Schönen hat eine neue Tiefe, einen neuen Realismus erhalten."

Die Liturgiereform und das Sternstunden-Christentum

Wer derart durchdrungen ist vom Glauben an die rettende Macht des Schönen, sei er nun Papst, Bischof, Christ oder ein sensibler, gebildeter Mensch gleich welcher Weltanschauung: Was empfindet ein solcher Mensch, wenn er am Sonntagvormittag eine Kirche betritt und sich anschaut, was Priester und Gemeinde vollbringen? Die Wahrscheinlichkeit ist relativ groß, dass er sich, zumindest in hiesigen Breitengraden, wundert, dass er vielleicht ratlos, vielleicht verärgert das Weite sucht. Welche Wirklichkeit, wird er sich fragen, hellt sich hier auf? Welcher innere Daseinsraum öffnet sich auf eine unendliche Stillung hin? Ist es nicht der Alltag, der feixend triumphiert auch hier?

Da gibt es etwa, irgendwo in der südwestdeutschen Provinz, den Pfarrer, der stolz erklärt, er habe das Kreuz aus dem Altarraum entfernt, schließlich sei nicht alle Tage Karfreitag. Da gibt es andernorts den Priester, der im Hochgebet statt vom „allmächtigen" lieber vom „gütigen Gott" spricht und von den Männern und Frauen, die nicht in der Kirche, sondern „in den Kirchen" zum Dienst bestellt seien – und der Gast wird grübeln, ob er für die Katholiken und die Orthodoxen und die Lutheraner beten soll oder auch für die Heiligen der Letzten Tage und für die Neuapostolische Kirche und für Scientology, die ebenfalls „Church" zu sein begehrt. Ein anderer Pfarrer stößt sich an dem Wörtlein „Dienst" und spricht von „allen, die die Kirche leiten", bleibt also vorerst noch beim Singular, macht aber aus den Bischöfen ein Leitungsteam, dynamisch, sportlich, kostenbewusst. Und wenn dann, wie es geschehen kann, die Vertreterinnen des „Sachausschusses Liturgie", gleich nach der Tanzeinlage des „Kindergartens Sonnenschein" und dem Grußwort vom Pfarrgemeinderat, den Altarraum betreten, wird gewiss das Wort „Sternstunde" fallen.

Ob Christi Himmelfahrt, Auferstehung oder Geburt, das alles waren „Sternstunden" im Leben dieses Jesus von Nazareth und seiner Familie, und vielleicht, liebe Kinder, liebe Frauen, liebe Männer, habt ihr auch schon einmal „Sternstunden" erlebt, dann wart ihr vielleicht, ohne es zu wissen, diesem Jesus ganz, ganz nah: In keiner Predigthilfe fehlt offenbar der schöne Begriff, und so sollte man weder vom Kultur- noch vom Weihnachts-, sondern vom Sternstunden-Christentum als der real existierenden Christenheit des 21. Jahrhunderts reden.

Der Kardinal, der Papst wurde, wäre indes kein neutraler Beobachter des Treibens zwischen Ambo und Altar. Der kleine Joseph machte seine ersten ästhetischen Erfahrungen in keinem Konzert, keinem Museum, sondern in der heiligen Messe. Ästhetik und Transzendenz waren so von Anfang an eng verknüpft. „Jede neue Stufe im Zugehen auf die Liturgie war ein großes Ereignis für mich. Es war ein fesselndes Abenteuer, langsam in die geheimnisvolle Welt der Liturgie einzudringen. Dieses geheimnisvolle Gewebe von Text und Handlungen war in Jahrhunderten aus dem Glauben der Kirche gewachsen. Es trug die Fracht der ganzen Geschichte in sich und war doch zugleich viel mehr als Produkt menschlicher Geschichte. Natürlich habe ich das als Kind nicht im Einzelnen erfasst, aber mein Weg war doch ein kontinuierlicher Prozess eines Hineinwachsens in eine alle Individualitäten und Generationen übersteigende große Realität, die zu immer neuem Staunen und Entdecken Anlass wurde. Die unerschöpfliche Realität der katholischen Liturgie hat mich durch alle Lebensphasen begleitet."

Ebenfalls in den Erinnerungen von 1997 berichtet er von seiner Primiz 1951 in der Pfarrkirche St. Oswald, Traunstein. „Die Freude zog alle in die lebendigste Weise ‚aktiver Teilnahme' am heiligen Geschehen hinein, die keiner äußeren Geschäftigkeit bedurfte." Die „aktive Teilnahme" war eine der hauptsächlichen Anforderungen an die nach dem Zweiten Vatikanum grundlegend reformierte Messe. Wenn diese Forderung laut Ratzinger bereits 1951 mit der „Alten Messe" erfüllt war, folgt daraus: Die nachkonziliare Liturgiereform entspricht nicht oder nur teilweise dem Geist des Konzils, sie sagt Teilnahme und meint Geschäftigkeit.

In der Konzilskonstitution über die Liturgie, „Sacrosanctum concilium", heißt es, alle Gläubigen sollten „zu der vollen, bewussten und tätigen Teilnahme an den liturgischen Feiern geführt werden". Deshalb forderte das Konzil, die liturgischen Bücher müssten „baldigst revidiert werden". Insbesondere sei „die Schriftlesung reicher, mannigfaltiger und passender" zu gestalten. Die jeweilige Muttersprache dürfe „einen weiteren Raum" erhalten, jedoch sollten „die Christgläubigen die ihnen zukommenden Teile des Mess-Ordinariums auch lateinisch miteinander sprechen oder singen können".

Paul VI., der Joseph Ratzinger 1977 in den Kardinalsrang erheben sollte, setzte nachkonziliar eine Arbeitsgruppe zur konkreten Ausführung der Reformen ein. Deren Ergebnisse führten 1970 zum bis heute gültigen Messbuch. Das Missale Romanum von 1962 war damit ausrangiert. Statt auf Lateinisch werden die Gebete und Gesänge jetzt fast ausnahmslos in der jeweiligen Landessprache vorgetragen; Gemeindemitglieder assistieren dem Priester als Kommunionhelfer und sprechen die Fürbitten; eigene Wort-Gottes-Feiern wurden eingeführt, bei denen die Anwesenheit eines Priesters nicht erforderlich ist; die Lesungen aus der Bibel sind in drei Lesejahre aufgeteilt, so dass wesentlich mehr verschiedene Schriftstellen zu Gehör gelangen; der „Volksaltar" steht nicht weit entfernt in der Apsis, sondern in unmittelbarer Nähe der Gemeinde gegenüber, der Zelebrant wendet den Anwesenden sein Gesicht und nicht seinen Rücken zu.

In den Kirchen fand, so Ratzinger, eine „Kulturrevolution" statt. Seitenaltäre baute man aus oder verhängte sie, der in der Regel betongraue oder steinbraune, schmucklose „Volksaltar" ersetzte den barocken oder (neo-)gotischen Hochaltar, der, wenn man es gut mit ihm meinte, als Requisitenstück oder Trauungskulisse stehen bleiben durfte.

Ratzinger befürwortete 1958 eine Überwindung des Verhältnisses von Hierarch und Laien in der Eucharistie, die ein echtes „Brudersakrament" sei. Vier Jahre später mokierte er sich über die lateinische Sprache in der Messe, mit der das Vatikanum eröffnet wurde, vermisste die aktive Teilnahme der Anwesenden. Die damals praktizierte Alte Messe, oft auch „Tridentinische Messe" genannt, erschien ihm steif, unnahbar, museal. In dieser Hinsicht gab es einen Wandel der Auffassungen.

Heute gewinnt er der lange stigmatisierten, jetzt wieder zunehmend praktizierten „Messe im überlieferten Ritus" positivere Seiten ab als der sonntäglichen Gemeindefeier im Altarraum. Es gab eben auch einen Wandel der liturgischen Extreme. Die Unnahbarkeit kippte vielerorts um in ein Ranschmeißertum, die museale Starre in eine hyperaktive Gegenwärtigkeit, in der die gestrige Quiz-Show den Stoff abgibt zur Predigt und der allgemeine Umtrunk den Anlass der Versammlung, die Gottesdienst heißt und doch eher ein Menschenfest geworden ist, ein heiteres Tantaradei mit religiöser Rhetorik.

Diese hier eingestandenermaßen etwas zugespitzte Realität beschäftigte den Kardinal auch wenige Monate vor dem Tod Johannes Pauls II. In der Besprechung eines liturgischen Fachbuches schreibt er: „Wenn Liturgie in erster Linie als Werkstätte unseres Machens erscheint, wird das Eigentliche vergessen: Gott. Denn in der Liturgie geht es nicht um uns, sondern um Gott. Gottvergessenheit ist die bedrängendste Gefahr unserer Zeit. Liturgie müsste ihr gegenüber die Gegenwart Gottes aufrichten. Was aber geschieht, wenn in der Liturgie selbst die Gottvergessenheit einzieht und wir dabei nur noch an uns selber denken?" Der wohlbekannte Geist des Machens, des Modelns, der alle Revoluzzer und Revolutionäre beseelt, ob in Frankreich 1789, in Tübingen 1968, in Lateinamerika 1984, kehrt sich laut Ratzinger abermals gegen seine Protagonisten.

Wird Benedikt XVI. dem Rad der Zeit in die Speichen greifen und die Alte Messe inthronisieren? Wird aus dem Vaterunser wieder ein Paternoster, aus dem Einzug des liturgischen Personals ein Weihwassersegen mit Chorgesang, „Asperges me, Domine, hysoppo et mundabor"? Nein. In besagter Rezension vergleicht Ratzinger die Funktion des Papstes gegenüber der Liturgie mit jener „des Gärtners, nicht des Technikers, der neue Maschinen baut und alte zum Gerümpel wirft". Als Gärtner muss der Papst das Vorhandene achten, darf sich weder zu Archäologismus noch zu Pragmatismus hinreißen lassen, diesem „unheiligen Zwillingspaar".

Die „Reform der Reform", die der Kardinal eindringlich forderte, wird wohl darin bestehen, einerseits weiter für die Akzeptanz der Alten Messe zu werben, die großzügig zu gestatten Johannes Paul II. den Bischöfen empfahl. Dass diese Form der

Liturgie mit gregorianischem Choral und lateinischen Gebeten weniger den Verlockungen des Macherischen ausgesetzt ist, dürfte auch dem religiös unmusikalischen Liebhaber des Schönen einleuchten. Die gemeinsame Ausrichtung von Gemeinde und Priester nach Osten – mit der Nebenfolge der zeitweiligen Rückenansicht des Zelebranten –, das „versus orientem", da Christus, die Sonne, von dort wiederkehren werde und die gemeinschaftliche Gebetsrichtung das Gottesvolk vereine, Laien und Priester, nannte Ratzinger 2003 ausdrücklich eine Hilfe auf dem Weg zu einer erneuerten Spiritualität.

Andererseits wird Benedikts Hauptaugenmerk darauf gerichtet sein, das „Zertrampeln der Liturgie mit Selbsterfundenem", so Ratzinger im Jahr 2000, einzudämmen. Unter Beibehaltung der bestehenden Formen, vor allem der weitaus vielfältigeren Lesetexte und des Übergewichts der Landessprache, könnte künftig die von Ratzinger geforderte „neue Offenheit für das Lateinische" einziehen, etwa im Glaubensbekenntnis oder bei einigen Gebetsformen. Auch Johannes Paul II. erhob diese Forderung, nannte sogar in seinen Erinnerungen die vorkonziliare Messe „reicher als die heutige", schrieb eine Enzyklika über das Verhältnis von Kirche und Eucharistie, approbierte die ebenso umstrittene wie weithin folgenlose Instruktion „Redemptionis Sacramentum" über „einige Dinge bezüglich der heiligsten Eucharistie, die einzuhalten und zu vermeiden sind".

Höflich und gehorsam, wie es einem Kurienkardinal entspricht, nannte Ratzinger Ende 2003 die „Erneuerung unseres Glaubens und des sakramentalen Glaubens" das „Wesentliche, was dieser Papst bewirkt hat". Zumindest auf dem Gebiet der Ästhetik, der konkreten Ausgestaltung des Gottesdienstes, hat sich indes der Verlust der Form und der Formen unter Johannes Paul II. beschleunigt. Fraglich ist, ob es überhaupt einem Menschen dieser Erde im späten 20., frühen 21. Jahrhundert hätte

gelingen können, in einer Epoche, da fast sämtliche gesellschaftlichen Entwicklungen zentrifugal verlaufen, die eine ver-
bindliche Formensprache zu behaupten.

Benedikt XVI. wird noch einmal und wider alle Aussicht auf
Erfolg den Kampf gegen die Zerstreuung aufnehmen. Er wird
die Christen an die Substanz der Messe erinnern, die Präsenz
des Auferstandenen, und er wird mahnen, diese Substanz nicht
dem Schattenspiel der zerfallenden, der selbstgemachten Dinge,
dem Schattenspiel eitler Selbsterklärung und eitlen Schöpfer-
tums auszuliefern. Die erneuerte Kirche, von der er träumt,
soll eine betende, also kniende Kirche sein. Schon dieser Kampf
verlangt gewaltige Kräfte, denn viele Kirchen wurden längst zur
kniegelenkschonenden Sonderzone erklärt. Man steht selbst bei
den intimsten Gebeten, Neubauten verzichten oft ganz auf die
Kniebänke. Das Wort von 2000, „die Haltung des Kniens darf
auf keinen Fall aus der Kirche verschwinden, es ist die eindring-
lichste körperliche Darstellung der christlichen Frömmigkeit" –
in den Wind gesprochen, fürwahr.

Die erneuerte Kirche soll wieder erfahrbar machen, dass aus
der Schönheit Wahrheit erwachsen kann und Trost. Schönheit
in diesem Sinn bedeutet Abstand gewinnen von sich, heißt absehen können von eigener Hände Werk und Leistung, auf-
schauen zum Unverfügbaren, das alles Kalkulatorische über-
steigt. Die Ikonen der orthodoxen Kirchen schätzt der
Kardinal auch deshalb, weil hier sich der Künstler, der ein
Handwerker ist, ganz in den Dienst der Sache stellt, aus Blau,
Rot und Gold formalisierte und doch je einzigartige Gemälde
erschafft. Wenn Künstler wie Betrachter sich hingegen wechselseitig in ihrer vermeintlichen Größe spiegeln, hat die Kunst diesen speziellen Sinn eingebüßt. Sie kommt dann weder vom
Können noch vom Nicht-anders-Können, sondern vom bloßen
Wollen. Dieses Wollen ist vielerorts der geheime Zeremonien-
meister Sonntag für Sonntag, wenn langatmige Fürbitten und

individuelle, je nach Zelebrant munter wechselnde Hochgebete das Ich und dessen Wollen so erhöhen, dass es nicht mehr Wegweiser ist, sondern Weg. Weg wohin? Hin zum Lobpreis der schrumpfenden Gemeinde, zum Ausschluss der Gemeindefernen, vielleicht auch wirklich zur „Gottvergessenheit".

Selten war es so leicht, das Richtige zu verfehlen. Künftig wird es schwieriger.

Ausblick

Vom Ende der Muskelspiele

Die Abschaffung des Menschen schreitet voran. Das Gattungswesen, den Homo sapiens sapiens, wird es noch eine Weile geben, doch alle vertrauten Konzepte von Menschlichkeit und Menschsein könnten bald auf der Müllhalde der Geschichte endgelagert werden. Sie lösen sich heute schon auf im Säurebad des vermeintlichen Fortschritts. Ein Fortschritt sei es, wenn der Mensch flexibel auf neue Herausforderungen reagiere, wenn er lebenslang lerne, lebenslang mobil bleibe. Fortschritt wäre es, wenn genetische Frischzellenkuren der Alterung ihren Schrecken nähmen, wenn dank Embryonenforschung ein Leben fast ohne Krankheit möglich würde – so sagt man. Buchstäblich auf der Strecke bleiben jedoch die notgedrungen Immobilen, die an Leib und Seele Schmerzen tragen, die Stummen, denen kein Diskurs Gehör verschafft, die Verzagten und Verschreckten und Träumenden, die Kostenfaktoren sind und scheinbar nur dies: Kostenfaktoren, Spaßbremsen, mühselig und überbürdet.

Beide Gefährdungen entspringen derselben trüben Quelle: der Gier nach Erfolg, der Blindheit für dessen Kosten. Wer von den angeblich zahlreichen Befürwortern einer genetischen Forschung ohne Fesseln wäre bereit, persönlich den Preis zu zahlen, den südkoreanische Frauen entrichtet haben, damit menschliche Embryonen geklont werden konnten? Wer wäre bereit zu tun, was man Frauen in den armen Gesellschaften Asiens und Osteuropas zunehmend nahe legt? Welche Frau unterzöge sich selbst einer hormonellen Behandlung, damit sie vermehrt Eizellen „produziert", die dann von den Forschern „geerntet" werden, um sie zu Embryonen weiterzuentwickeln, die getötet werden müssen, um ihnen Stammzellen zu entnehmen? Wer riete seiner Frau, seiner Tochter, seiner Enkelin zu diesem Schritt?

Rapide fällt die Erde entzwei in eine reiche, anspruchsvolle Oberflächenwelt westlicher Bauart und eine an den Rand des Bewusstseins gedrängte, nicht minder vitale Schattenwelt. Die Schattenwelt bildet einerseits ganze Gesellschaften, die von der Oberflächenwelt ausgebeutet werden, da diese Nieren braucht und neue Medikamente und billige Textilien und billige DVD-Rekorder und billigen Kaffee und billigen Tee und billige Exotismen, wenn der Urlaub naht. Andererseits gibt es eine Schattenwelt innerhalb der Anspruchswelt – gibt es das Leid, das stört und das mit hohen Kosten weggeschlossen wird in die Altersheime und Kliniken, die Anstalten und Sterbestationen. Leben heißt heute: gesehen werden, und wer den Kerker seiner Nöte nicht verlassen kann oder niemanden hat, der ihm einen Weg zeigt, der lebt lebend schon nicht mehr. Die wachsende Zustimmung für dubiose Heilsversprechen oder für die aktive Sterbehilfe zeigt, wie schnell die Mitglieder einer Gesellschaft deren Werteskala verinnerlichen: bloß nicht leiden, bloß nicht unproduktiv sein, bloß nicht der Familie, die man kaum kennt, den Freunden, die man zurückließ, zur Last fallen.

An der Frage, ob und wie die bisher Stummen am Gespräch über die Grundlagen des globalen Zusammenlebens beteiligt werden können, entscheidet sich die Zukunft des Homo sapiens sapiens und des Planeten. Stumm ist, wer nicht gesehen wird, stumm sind die Embryos und Föten, die man verarbeitet, die Ungeborenen, die man abtreibt, die Kranken und Armen in ihren hermetischen Welten, die Tiere in den Schlachtsälen, die unnötig abgeholzten oder zubetonierten Wälder. Abwesende bekommen eine Stimme, wenn jemand in ihrem Namen spricht. Christentum ist Stellvertretertum. Es wäre eine genuin christliche Aufgabe, lauter, leidenschaftlicher, hartnäckiger als bisher nicht für sich zu reden, nicht auf sich zu schauen und immer nur auf sich, sondern auf die gesellschaftlich scheinbar Abwesenden, zu reden für die Unhörbaren der Schattenwelt.

Am Beginn seines Pontifikats hat Benedikt XVI. mehrfach auf den Zusammenhang von Menschenwürde und Nahrung, von Menschenwürde und Arbeit hingewiesen. Er hat all jene „arroganten Staaten" verurteilt, die kleinere Länder demütigen und zu Opfern machen. Er hat bekräftigt, „für die Kirche gibt es keine Ausländer", und er hat die „christliche Gemeinschaft" ermuntert, sich der Flüchtlinge anzunehmen und aller, „die in Schwierigkeiten sind". Kein gutmütiger Redenschreiber hat dem Pontifex diese Worte in den Mund gelegt. Wer in den letzten Jahren einen Blick warf über die Mauern des deutsch-römischen Schlagabtauschs, kennt dieses Anliegen und weiß, dass es keine Worthülse ist im Bemühen um eine Imagekorrektur.

Schon 1977, in der Schrift über „Eschatologie, Tod und ewiges Leben", warnte der Regensburger Hochschullehrer vor einem ungehemmten Konsum, der „die tragische Entfremdung zwischen Welt und Mensch, zwischen Mensch und Mensch" verdeutliche und zum „zerstörerischen Fluch" werde. Auch der Präfekt der Glaubenskongregation ließ es an Deutlichkeit nicht fehlen. Die „Grausamkeit des liberal-kapitalistischen Systems" kritisierte er 2002 scharf in einem Aufsatz zu den Themen „Eucharistie, Communio, Solidarität". Dort prophezeite er ein katastrophales Ende, „wenn die Globalisierung in Technik und Wirtschaft nicht auch begleitet wird von einer neuen Offenheit des Bewusstseins für den Gott, vor dem wir alle Verantwortung tragen". Im selben Jahr, in einem Vortrag über „Politische Visionen", konturierte er abermals die „Ambivalenz des Fortschritts", der Ungleichheit produziere und „immer neue Bedrohungen von Welt und Mensch". Und am 6. Juni 2004, in der Kathedrale zu Bayeux, nannte er die „Fähigkeit zum Frieden" ein Kriterium der Wahrheit.

Man muss kein Christ sein, um sich in dieser Bedrohungslage für die „Permanenz echten menschlichen Lebens auf Erden" (Hans Jonas) einzusetzen. Man kann auch als atheistischer Humanist Verantwortung übernehmen, die eben, so noch einmal Jonas, „die als Pflicht anerkannte Sorge um ein anderes Sein" ist. Doch Christen sind im 21. Jahrhundert herausgefordert, der Botschaft Jesu gerade in den gesellschaftlichen Kernbereichen, in denen die Zukunft verspielt oder gewonnen wird, treu zu bleiben. Verzweckung des Menschen – sei es zum Objekt wissenschaftlicher Forschung, zum entrechteten Hersteller günstiger Produkte, zum entrechteten Anbieter schädlicher Dienstleistungen – ist immer, theologisch gesprochen, eine Sünde, verstetigt immer, soziologisch betrachtet, das Verhältnis von Herr und Knecht, von Macht und Ohnmacht, Leben und Tod.

Die Chance des Christentums liegt darin, dass die Mitte des Engagements jene motivierende innere Haltung ist, die in doppeltem Wortsinn eine benediktinische Ganzheitlichkeit genannt werden kann. Joseph Ratzinger verurteilte ausgerechnet in Aufsätzen zu Eschatologie und Eucharistie eine entgleiste Moderne, weil der Kampf um eine menschenwürdige Zukunft über irdische Kräfte hinausgeht. Wer sich nicht von Frustration zu Frustration treiben will, der braucht einen Anker, einen unverlierbaren Ruhepol, den keines Menschen Werk zerstören kann. Und er braucht eine Jenseitshoffnung, in der er seine Diesseitsängste bergen kann. Und er braucht die Erfahrung einer nichtmenschlichen Realität im Gebet, im Gottesdienst, in der Eucharistie. Aus diesem Grund hat der Kampf gegen die Entleerung liturgischer Formen eine solch zentrale Bedeutung. Ohne Andacht und ohne verlässliche Formen, die die Andacht ermöglichen, verkommt weit mehr als nur der Gottesdienst. Ohne die „Seligkeit der Pause mitten im Leben" kreist der Mensch um die eigene, unrettbar schwankende Achse.

Die Zeit der deutsch-römischen Muskelspiele sollte vorbei sein. Das Weltchristentum steht an einer Weggabelung. Stramm Richtung Sekte führen die Versuche, in kulturkämpferischer Manier jede vatikanische Äußerung nur als Beleg für den Machtwillen und die Rückwärtsgewandtheit Roms zu deuten. Rechthaberei und Eitelkeit sind dies-, aber auch jenseits der Alpen die falschen Gefährten. Je stärker sich eine Gemeinschaft mit sich selbst beschäftigt, desto unattraktiver und unverständlicher wird sie. Schon die Rhetorik vieler Debatten ist ein starkes Argument, der Kirche fernzubleiben.

Benedikt XVI. wolle, so Jürgen Habermas, die Minderheitenkirche „wetterfest" machen. Zwar sei nicht auszuschließen, dass die Entchristianisierung Europas fortschreite, doch „an dem neuen Papst würde es mit Sicherheit nicht liegen". Es liegt tatsächlich an den Christen jedweder Konfession, ob sie künftig eine Quantité négligeable sind oder ein Pfund, mit dem sich wuchern lässt – ob sie lieber leiden an sich oder der Welt die Stirn bieten, lieber pastorale Prozesse erfinden oder die Trostlosen trösten, ob sie Beifall suchen in den Talk-Shows oder selbst ein Segen sind. Benedikt von Nursia, sagt Joseph Ratzinger, „ist auf einer hohen Ebene der Gesetzgeber des Abendlandes geworden". Er sei ein Aussteiger gewesen und ein Kirchenreformer. Seine Mönchsregel, dessen Charakteristikum das rechte Maß sei, habe Europa umgestaltet. „Unsere Welt könnte so leicht an dieser benediktinischen Grundregel immer wieder ihr Korrektiv finden."

Benedikt XVI. kann und will kein Gesetzgeber sein. Er will Zeuge sein des christlichen Glaubens. Er will dem Geist von Babylon, dem Geist der Machbarkeit und des Kalküls, die Grenzen zeigen. Wenn man den ehemaligen Präfekten der Glaubenskongregation beobachtet, sieht man einen gelösten, heiteren Menschen. Dieser Eindruck könnte sich ändern. Die nächsten Austrittswellen, vielleicht auch die nächsten Skandale werden kommen. Die Pathologien des Glaubens und die Pathologien der Vernunft werden nicht verschwinden. Bleiben wird die Gewissheit, dass die Menschheit in Jahre der Entscheidung eingetreten ist.

Am 6. Juni 2005, in seiner Rede auf dem Familien-Kongress der Diözese Rom, definierte Benedikt XVI. Freiheit als die Freiheit zur Entscheidung. Damit ist beides ausgesagt: dass der Mensch zur Freiheit bestimmt ist, dass eine Freiheit aber, die sich alle Möglichkeiten offenhält, keine Freiheit ist, sondern die Diktatur ebendieser Möglichkeiten. Lebensuntauglich wird, wer alles toleriert, alles akzeptiert, alles genießt, zu nichts wirklich Ja sagt und riskiert zu scheitern, nie wirklich ein Nein spricht und riskiert, sich unbeliebt zu machen. Das Gängelband der eigenen Wünsche und der fremden Ansprüche gilt es zu durchschneiden, um zur Freiheit zu gelangen. Dieser wahren Freiheit bedarf es dringender denn je. Nur sie kann den Freiraum schaffen für das „andere Sein", den Nächsten, kann Freiräume schaffen der Seele, damit das Ich nicht ertrinkt in seinen Sorgen und Nöten.

Viel steht auf dem Spiel. Babylon ist überall.